男子御三家

麻布・開成・武蔵の真実

矢野耕平

文春新書

1139

男子御三家　麻布・開成・武蔵の真実

目次

序章　個性あふれる男子御三家

男子御三家とは

「男子御三家」と呼称される私立中学校・高等学校をご存知だろうか。

これは東京にある私立男子校「麻布」「開成」「武蔵」の三校を指し示している。

それぞれが長い歴史を背負った伝統校であるとともに、難関大学合格実績では毎年屈指の結果を残している進学校だ（二〇一九年度の東京大学合格者数は、麻布一〇〇名、開成一八六名、武蔵二二名）。三校ともその知名度は全国区である。

そんな学校だからこそ、入口に高いハードルが設けられている。中学受験の世界では難関校として知られ、難問揃いの入試問題に挑み、高倍率の入試を突破しなければならない。中学受験生にとってはまさに憧れの存在である。

わたしは二〇一五年一〇月に『女子御三家』（文春新書）を上梓した。「女子御三家」とは、東京にある「桜蔭」「女子学院」「雙葉」の三校を指す。いずれも才女が通う女子校である。この本では数多の卒業生（OG）たちに取材を試み、また、学校関係者の声をふんだんに反映することで、それまであまり知られていなかった女子御三家の実像を浮き彫りにした。卒業生である彼女たちのほとんどは身振り手振りを交えて母校を懐かしく振り返りながら、嬉々として学校の内情を話してくれた。

では、今回の『男子御三家』はどうか。

卒業生（OB）たちが嬉々として母校を語るのは同様であるが、びっくりさせられたのは男子御三家出身者の母校に寄せる思いの強さである。むしろ、「強過ぎる」と表現してもよいかもしれない。女子御三家出身者たちはどこか冷静で客観視しているような物言いに感じられたのに対し、男子御三家出身者たちは母校を思い入れたっぷりに、ときには感情をあらわにしながら語るのである。

母校とはその漢字の意味する通り「母なる存在」である。女性よりも男性のほうがやはりマザコン要素、母校愛というのは強いのかもしれない。そんなことを感じさせられた一端をまずは紹介しよう。

卒業生たちの母校愛

麻布出身の早稲田大学教育学部四年生に取材を試みた際、彼は麻布のあれこれを思い出して語ってくれたあと、ため息交じりにこう言った。

「麻布の学校生活……。人生であんな楽しかったことも逆につらかったこともない。ぼくは麻布で人生を終えるべきだったといまだに思っています。だから、いまは『余生』を過ごしているわけです（笑）。それこそ三島由紀夫が『本当は戦中で死ぬべきだったのに、生きてしまっている』、そんなふうに語ったことがあるみたいですが、同じメンタリティですね」

何とも大仰な言い回しに感じられることだろう。でも、彼はいたって真面目にそう語るのだ。そして、彼はこうも言い添えた。

「麻布で濃厚な友人関係を築いてしまったので、大学入学後はなかなか親しくできる人を見つけられませんでした。それでも、大学の友人が二人できました。ぼくは麻布の友人たちと同じくらい大事にしたい。同じように、これからぼくがある女性と出会って結婚するんだったら、相手を麻布と同じくらい愛したい」

麻布という学校、麻布の友人、麻布時代の思い出が、彼の価値判断の大切な尺度になっていることがわかる。

開成出身の私立大学准教授に取材をした折、彼は開成に入学した頃を思い出してこんなことを口にした。

「開成に入るまではお山の大将的な意識があったんです。自分より勉強できるヤツはいないだろうと。でも、開成に入ったらただ単に『勉強ができる』というより『こんなに頭のいいヤツがゴロゴロしているんだ』って衝撃を受けました。開成でわたしが得た経験ではこれが一番かもしれません。東大法学部に入ったときも、東大の大学院に進んだときも、開成に入ったときのような衝撃は全く感じられなかったですから」

武蔵出身の公立大学准教授は、母校を語る際にちょっと過激とも思えることばを発した。

「これから先も武蔵のいいところはそのまま残してほしいです。延命させるために学校の教育方針を変えるならば、最終的には衰退して潰れてしまっても構わないと思う」

どうだろうか。彼らのことばの一端に触れただけでも、男子御三家卒業生たちの母校愛の強さがひしひしと伝わってくるだろう。

先生たちも相当な熱量で

本書を執筆するにあたり、数多くの男子御三家卒業生に取材をおこなった。

それだけではない。男子御三家各校で指導する学校関係者の協力も得られたのだ。

麻布は、ご自身も麻布出身である校長の平秀明先生が取材を引き受けてくださり、麻布の教育内容のみならず、学校教育の意義にまで踏み込んで語ってくれた。

開成は「カンハシ」の愛称で卒業生たちから親しまれている名物教師の橋本弘正先生

（漢文担当）が取材に応じてくださった。ご自身も開成の卒業生であるとともに、開成で三二年間教壇に立ち続けた方である。橋本先生は開成独自の教育、そしてそこで学ぶ（学んだ）子どもたちについて熱く語ってくれた。ちなみに、橋本先生は開成を既に退職されていて、取材当時は海陽学園（愛知県）と明法（東京都）の特任講師を務められていた。

そして、武蔵は二〇一九年に校長に就任したばかりの杉山剛士先生が取材を受けてくださった。杉山先生は武蔵の卒業生であり、前年まで埼玉県立浦和高校の校長としてその腕を奮ってきた人物だ。加えて、近年の武蔵の教育内容やその課題面についてかなり踏み込んだ話をしてくださったのは副校長の高野橋雅之先生である。高野橋先生は数学科教諭であるとともに、野球部の指導に携わっている。

母校愛たっぷりなのは卒業生だけではなく、勤務されている先生方も同様だ。『女子御三家』を執筆した際は、桜蔭、女子学院、雙葉それぞれの学校関係者のインタビューをテープ起こしすると、原稿用紙換算で二〇〜三〇枚程度だったのだが、麻布、開成、武蔵の学校関係者のインタビュー分量は四〇〜六〇枚程度、つまり、女子御三家の倍になったのである。どの先生方も相当な熱量で自校を語ってくださったのである。

男子御三家の誕生

さて、日本にある中高はよく「〜御三家」と括られる傾向にある。

古くは「一中御三家」と呼ばれる学校があり、「府立一中」（現在の都立日比谷高校）、「愛知一中」（現在の県立旭丘高校）、「神戸一中」（現在の県立神戸高校）の三校を指していた。旧制第一高等学校（東京大学教養学部、及び千葉大学医学部・薬学部の前身）に多くの進学者を輩出していたエリート校でもある。

戦後しばらく、東京大学に数多くの進学者を送り込んでいたのは都立日比谷高校や都立西高校といった都立高校であった。しかし、一九六〇年代後半より都立高校で「学校群制度」（各学校の学力差を極力なくすための制度）が導入されると、それを契機として特に通学範囲の制限を設けない私立校が台頭する。その頃から、東京大学に数多くの合格者を生み出す「麻布」「開成」「武蔵」の三校は「男子御三家」と呼ばれるようになった。

それから五〇年以上の月日が流れたが、この「男子御三家」の呼称はいまだ健在である。各校の入試難度は今も昔もトップレベルであり、多くの中学受験生が憧れている。

実際、大手塾の模擬試験における各校の合格基準偏差値をみてみると、多少の浮沈はありつつも、麻布、開成、武蔵の三校は難関校としての地位が数十年に渡り揺らいでいない。

ちなみに、「男子御三家」「女子御三家」以外にも「御三家」で括られる学校群が存在する。「横浜（神奈川）男子御三家」は「浅野」「栄光学園」「聖光学院」を、「横浜（神奈川）女子御三家」は「フェリス女学院」「横浜共立学園」「横浜雙葉」の三校を指している。ほかに、「男子新御三家（海城・駒場東邦・巣鴨）」、「女子新御三家（鷗友学園女子・吉祥女子・豊島岡女子学園）」といった呼称もある。

それでは、麻布、開成、武蔵とはどのような学校なのだろう。略述してみよう。

詳しくは各校の章で紹介するが、麻布、開成、武蔵とも国立・早慶をはじめとした難関大学へ数多くの合格者を輩出していて、いわゆる「進学校」としての実力は確かなものだ。ところが、である。男子御三家各校の卒業生に学校サイドが進学指導にどの程度力を入れているかを尋ねると、意外な返事ばかり。「特に進学指導らしい指導は受けていない」という。

麻布の卒業生の一人は言う。

「高三のときに面談はありますけど、本当に適当ですよ（笑）。俺は担任が面談担当だったんですけど、『進路相談、次はお前だ』って言われて入っていくんですが、いきなり『どこ目指そうと思っている？』って聞かれたので、『まあ東大かな』って返答したんです。

そしたら、『何の科目で受けるんだ?』と尋ねてきたので、『いまのところ理系科目は地学で、社会は考えている最中です』って答えたら、『そっか、お前地学好きだもんな。がんばれよー。じゃあ、次のヤツ呼んできて』って、本当にそれだけ」

開成についてはどうだろうか。進路指導があまりされないということは、裏返せば東京大学を目指すことが当たり前の雰囲気になっているのかもしれない。

しかし、ある卒業生はそんなことはないと苦笑する。

「東京大学一辺倒という雰囲気はありません。この大学を狙えなんて一切言われない。最後に二者面談があるんですが、先生とは五分も話していないですね。丁度、わたしが高三のときに父が亡くなったんです。それもあって、先生からは『生活は大丈夫か?』なんて話があったのを覚えています。で、最後の最後に一言だけ『ところで大学はどこに行きたいんだ?』って。で、『(東京大学の)文I(文科一類)です』と返すと、『あ、そう。じゃあ(校内の実力テストで)五〇〜六〇番くらいには入っていた方がいいな』って、たったそれだけですね」

別の開成の卒業生は以前三年間住んだ広島に愛着があったため、広島大学に行きたい旨を面談で申し出たという。

「そう切り出すと、『あ、そうなんだ』って。本当にそれだけでした。ただ、広島大学という選択肢が珍しかったのか、先生がどこかでポロッと口にしたらしく、学内で『○○くんは広島大学志望らしい』という噂が一気に駆け巡りました」

一方で、近年の開成の生徒たちは海外へ目を向ける傾向にもあるらしい。実際、二〇一九年度の開成の大学合格実績に注目すると二三名の海外大学合格者（進学者は五名）を輩出した。

では、武蔵はどうなのだろうか。

「大学受験に向けての指導は、個人面談を一～二回するくらいです。といってもぼくの場合、雑談レベルで終わりでした。そこでは大学受験のアドバイスはありません。誰もされていないと思いますよ。まあ、こちらから聞いたら返事をくれるのかもしれませんが」

武蔵の卒業生はこの個人面談は五分足らずで終わったと白い歯を見せた。

別の卒業生も武蔵の進路指導の「そっけなさ」を思い出す。

「進路面談では組主任（「担任」に近い位置づけの教員を指す）に呼ばれて、『お前、どこの大学に行きたいんだ？』と聞かれ、『東工大の5類で電気電子工学を学びたいです』と返事をしたら、『ふーん、そう』。それでおしまいでした（笑）」

この卒業生は在学中、武蔵生ならではの、「こだわり」を進路面に感じたという。

「名前だけで○○大学を目指すぞというような人は武蔵にはいないです。○○の研究に打ち込みたいから○○大学に進みたい。そんなふうに考える人が大半です。早稲田だったらどこでもいい、慶應だったらどこでもいい、などと考えた末に同一大学のいろいろな学部を横断的に受験するような人は武蔵にはあまりいないんじゃないかな。だからか、大学受験時には『俺はここしか行きたくない』と言って浪人覚悟で一校しか受けない人を何人も見ましたよ」

六年間で身に付けた行動規範

男子御三家卒業生たちの母校愛が強いというのは先述した通りである。裏返せば、中高六年間で身にまとった各校独自の「色」が大人になったいまでも自身の行動規範に多大な影響を及ぼしているということだ。では、それぞれどんなカラーなのだろう。

次のような証言が各校の卒業生から得られた。

麻布出身の卒業生は、麻布生に一脈通じた気質をこう言い表した。

「麻布生は心の広い人が多いと思います。他人の趣味とか活動に介入して乱さないばかりか、『お前すげえな』って互いの秀でているところを認め合うところがありました」

他者を受け容れるには自身の立ち位置が分かっていなければならない、と別の麻布卒業生は言う。

「ぼくが麻布で得たのは、自己を見つめ、自身をしっかりと表現する力です。自分がどういう人間かを考えさせられる機会が麻布では多かったからでしょう。たとえば、誰かと知り合うときに、いろいろな過程を経てその人と距離が近くなっていくわけですけれど、麻布でそういう過程をある意味早送りするような力を得たような気がしています」

麻布出身の大学四年生は、「麻布では個を出さなければやっていけない」と語る。

「麻布での生活は、どれだけ自分の個性を出せるかにかかっている。個性的であらねばならないっていう雰囲気が学内に満ちていました。その場を面白く盛り上げることに懸命になっているヤツが多いし、とにかく目立ちたくて仕方のない人種ばかり」

それでは、開成生のカラーはどういうものだろう。

開成卒業生の一人は、同級生たちに共通する性質が確かに存在していたと振り返る。

「在学中に感じていたのは、開成の人たちはみんなそれぞれ何か秀でている、突出しているところがあるという点です。勉強ができるのは立派なことだ、スポーツができるのも立派なことだ、自分の趣味をとことん突き詰めることも立派なことだ。こういうように多面的な尺度でものをみて、それぞれが持っている強みを素直に受け入れていく。多様性に開かれている懐を持っている人が多かったし、わたしは居心地がよかったですね。卒業してからも開成出身者たちからその性質は変わらず感じられます」

続いて武蔵生はどうなのだろうか。

教育業界に勤める武蔵の卒業生は、中高時代に受けた教育がいまでも自身の中に息づいているという。

「ぼくは人から『それってこういうものだろ』って言われたとしても、すぐに受け入れるようなことはしません。それを自分で徹底的に調べないと納得はできないんです。自ら書籍を読んだり、必要ならば足を運んだり、探究的な姿勢は武蔵で培われたと確信しています。そういえば、武蔵時代の同級生は学者や医者がとても多い。どちらも探究心が大切な職業ですよね」

そうなのである。わたしは今回本書を著すにあたって、男子御三家各校の卒業生たちに直接取材をおこなったが、それぞれに「麻布的な何か」「開成的な何か」「武蔵的な何か」を確かに感じ取ることができたのだ。

「鬼才」の麻布、「秀才」の開成、「変人」の武蔵

前著『女子御三家』の取材をおこなった際に、わたしはそれぞれの学校出身者に一脈通じる性質に言及した。桜蔭は「勉強のみならず、さまざまな分野において吸収力に傑出した女性」、女子学院は「自己責任感の強い成熟した女性」、雙葉は「ときに『したたか』に感じられるほど処世術に長けている女性」である。

その学校別の典型的なキャラクターをわたしは「空き缶」のたとえ話に落とし込んだ。

もし道端に空き缶が落ちていたら?

桜蔭生……すぐさま拾い、ゴミ箱へ捨てにいく。（理系・医系の生徒は、捨てにいく途中で缶に記された原材料や成分をチェックする）

女子学院生……考え事にふけっていたため、缶が落ちていることにそもそも気づかない。

雙葉生……誰が捨てにいくのかを決めるジャンケン大会が始まる。（ただし、他人が通りかかったら、その人に見せつけるようにそそくさと捨てにいく）

同じように、男子御三家各校に共通する性質についてのたとえ話を作ってみようと考えた。

わたしの経営する中学受験専門塾スタジオキャンパスのスタッフたちと男子御三家各校のたとえ話を考えてみたら、夜遅くまで盛り上がってしまった（スタッフには開成出身者が二名、武蔵出身者が一名いる）。

その結果、「プラモデル」を用いたたとえ話がぴったりだね、という結論に達した。

もし複雑なプラモデルを組み立てるのであれば？

麻布生……組立説明書は無視、感覚だけで独創的かつ味のある逸品を製作する。

開成生……組立説明書を一言一句しっかり読み込み、精巧で完璧な作品を製作する。

武蔵生……組立の途中で各パーツにのめりこんでしまい、なかなか作品が完成しない。

いかがだろうか。各校のキャラクターがなんとなく見えてきたのではないか。

さらに、男子御三家各校の在校生・卒業生たちの個性は、二字熟語でシンプルにまとめることができる。

麻布は「鬼才」。
開成は「秀才」。
武蔵は「変人」。

もちろん、どれも「褒めことば」である。男子御三家各校の卒業生たちに取材を重ねていくと、それぞれに共通する「才知」がひしひしと感じられたのだ。

なぜ、このようなキャラクターを各校が培っていくのか。

麻布、開成、武蔵の教育内容、学校生活をじっくりと見ていこう。

第1章

麻布

プライドを持って自由を謳歌する

七〇年近く続く「東大トップ一〇」

麻布の進学校としての実力は昔より揺るぎがない。一九五四年(昭和二九年)以来、七〇年近く東京大学合格者数ランキングのトップ一〇に顔を出している。これは現在東京大学に最も多くの合格者を輩出する開成でさえなしえていない。なお、二〇一九年度の東京大学合格者数は一〇〇名(過年度生を含む)。その内訳をみると、文科一類二五名、文科二類一四名、文科三類一二名、理科一類三四名、理科二類一二名、理科三類三名である。高校別東大合格者数ランキングでは開成、筑波大駒場に続いて第三位である。

麻布は四年前に創立一二〇年を迎えた。

歴史ある伝統校、しかも全国屈指の進学校だからこそ、麻布の卒業生は多岐に渡る分野に進出している。政財界、法曹界、文学界、学術分野はもちろんのこと、高学歴が必ずしも求められていない世界にも進出している卒業生が多いのも特徴的だ。

ウィキペディアの「麻布中学校・高等学校の人物一覧」を見ると、輩出した著名人の多さに舌を巻く。その数、何と三〇〇名以上。

政界だけでも総勢三〇名近くがリストアップされている。福田康夫氏、橋本龍太郎氏といった首相経験者をはじめ、与謝野馨氏、谷垣禎一氏、平沼赳夫氏、橋本大二郎氏、中川雅治氏、中川昭一氏などの名が挙がる。麻布出身の政治家を中心とした「麻立会」というグループも組織されていて、食事会などを定期的に催している。このときばかりは党派や派閥を超えて和気藹々とした雰囲気が生まれるとか。

学者の世界でも麻布の卒業生が多分野に渡り活躍している。一例を挙げると、社会学者の宮台真司氏、政治学者の藤原帰一氏、仏文学者の中条省平氏などだ。

文学界にも麻布卒業生が多い。たとえば、古くは吉行淳之介氏、山口瞳氏、北杜夫氏など。安部譲二氏や高橋源一郎氏はともに中学の一時期だけではあるが麻布で学んだことがある。なだいなだ氏、藤野千夜氏、脚本家の倉本聰氏も卒業生だ。

アナウンサーでは、桝太一氏（日本テレビ）、吉田尚記氏（ニッポン放送）、塚原泰介氏（NHK）、金子哲也氏（NHK）など。

また、進学校としては意外なことに芸術や芸能分野で手腕を発揮する卒業生もいる。音楽プロデューサーの武部聡志氏、ピアニストの本田聖嗣氏、ジャズピアニストでは山下洋輔氏、そして、俳優のフランキー堺氏、小沢昭一氏、加藤武氏、仲谷昇氏の四名は同級生であった。

変わり種としては、発明家のドクター中松氏、ラーメン評論家の武内伸氏、競馬評論家の須田鷹雄氏、お笑い芸人の加賀谷くん（ハウス加賀谷）など。

麻布の卒業生たちは実にバラエティに富んでいる。

この陣容を眺めながら、わたしはカラフルな冊子を思い出していた。

卒業アルバムの妙

わたしの目の前に『麻布学園卒業アルバム　二〇〇七―二〇一三』がある。二〇〇ページ弱という分量は他校の卒業アルバムとさほど変わらない。

だが、中を開けるとびっくりさせられる。

とにかくカラフルで、かつ手作り感満載の躍動感あふれる卒業アルバムに仕上がっている。これは麻布が私服の学校だからか。いや、それだけではなさそうだ。

個人写真と一言コメントのコーナーを見ると、生徒たちが思い思いのポーズを決めている。ギターを弾いている子、バイオリンを演奏している子、プールサイドで寝そべっている子、部室でピースサインを作っている子、校内の木によじ登っている子、砂浜に顔だけ出して埋まっている子……。いやこれらはまだ「マトモ」な子たちである。なぜか全裸になって写っている子がざっと数えただけで一〇名ほどいる（大事な部分はもちろんモザイク的な処理が施されている）。

他のページを繰ってみる。

各自治機関、部活動ごとの集合写真が並んでいる。これは分かる。しかし、理解に苦しむのが「有志団体」と記された集合写真がそれら以上に多くのページを占めていることだ。そのカテゴリの総数は一九四にのぼる。

「お好み焼き展」、「まじない展」、「ピタゴラ展」などはおそらく文化祭の展示班であろう。しかし、それらはほんの一部。「チャリ通」、「クソちび」、「巨漢」、「高身長」、「ももクロ大好き」、「マガジン購読者」、「鎖骨折れたことある」、「献血協力者」、「白ブリーフ」、「天一（ラーメン屋の「天下一品」）大好き」など……。正直、ここでは書けないカテゴリ名も散見される（下ネタ中心）。

アルバムの後半には「卒業記念アンケート集計結果」がこれまた大量の画像とともに掲載されている。「学校一のイケメンといえば？」「学年一の人気者といえば？」「足が臭そうな同輩といえば？」「将来、逮捕されそうな同輩は？」……。票数を多く得た生徒の顔写真が三枚ずつ載せられている。「一番かわいいと思う教員は？」「一番尊敬する教員は？」「スケベっぽい教員は？」「器が小さい教員といえば？」なんていう項目もある。

その他、「第一志望の大学は?」「通っている塾は?」「自分の息子を麻布に入れるか?」「麻布以外ならどの学校が良かった?」といういかにも進学校的なものがあったかと思えば、「好きなAV女優は?」なんてものもある。ほかにも様々な項目があるが、やはりここでは書けないもの(下ネタ中心)が幾つもある。

さらにページを進めると、今度は教員たちのインタビューが掲載されていて、「哲学」や「文学」、「英語」などをかなり深くまで掘り下げたレベルで熱弁している。

なんだ? このアルバムは?

なんだ? この妙な学校は?

わたしが麻布に抱いた率直な感想はこれである。

でも、卒業アルバムを眺めていると、思わずこちらの頬が緩んでくる。生徒たち、教職員がとにかく楽しそうな表情を浮かべているのが強く印象に残ったのだ。

このたくさんの笑顔が織り成して、カラフルさを醸すアルバムになっているのだろう。

麻布という町

東京都港区には「麻布」を冠する地名が幾つも存在する。「元麻布」「西麻布」「南麻布」「東麻布」「麻布台」「麻布十番」「麻布狸穴町」「麻布永坂町」……。どの町も東京、いや日本を代表する高級住宅街である。

また、各国の大使館が点在する国際色豊かな地域でもある。港区役所のホームページによれば同区には八二ヶ国もの大使館があるが、特にこの麻布界隈に集中している。このことは、この場所に数多くの寺院が建立されていたことに起因する。幕末の開国期に外国人が日本で滞在する場所として大きな寺院を利用することが多かったからだ。実際、麻布地域にはいまでも五〇を超える寺院が現存している。ちなみに、一八五九年（安政六年）には日米修好通商条約に基づき、初代アメリカ合衆国公使館が元麻布の「麻布山善福寺」に設けられたという。

この「麻布」が地名として歴史に登場するのは意外に新しく一五五九年（永禄二年）とされている。『小田原衆所領役帳』によれば、当時は「阿佐布」という漢字を充てていたようだ。

その後、江戸時代の明暦年間に「麻布」という字が定着しはじめたとされている。字のごとくこの地では麻の布の生産が盛んだったのだろう。その頃から、麻布一帯には大名や旗本の武家屋敷が立ち並ぶようになった。

明治時代に入ると、大区小区制廃止、ならびに郡区町村編制法施行により、東京府麻布区が置かれた（いわゆる「東京十五区」の一つ）。当時、麻布区には「麻布〜町」という名の町が約四〇も存在していた。

戦後間もない一九四七年（昭和二二年）にはこの麻布区、芝区、赤坂区の三区が合併し港区が発足した。なお、先にも一例を挙げたが、旧麻布区域の町名にはすべて「麻布」が冠されることになった。

そして、この旧麻布区域は台地と谷地で成り立っている起伏に富んだところだ。いたるところに「〜坂」という標識がある。

東京メトロ日比谷線「広尾駅」のすぐそばにある「木下坂」と名付けられた右手にゆるやかに曲がる坂を歩く。この名称は坂の北側にかつて大名であった木下家の屋敷があったことに因んでいる。右手には有栖川宮記念公園の緑が広がる。江戸時代初期から大正時代にかけて存在した宮家である「有栖川宮家」の御用地に作られた公園であり、いまは港区が所管している。

しばらくすると、前方に「愛育病院前」という表示のある交差点が見えてくる。

この交差点を右手に曲がり、道を進んでいくとカタール大使館の手前左手に細い路地が現れる。周囲に目配りをせず歩いていくと、つい通り過ぎてしまいそうになるが、ここが麻布中学校・高等学校の校門である。ここをくぐり、ひび割れが目立つアスファルトの細道を歩いて数秒で校舎に着く。何だか地方の古い公立高校のような外観だ。

麻布といえば「文化祭」

普段は地味とも形容できる麻布の入口周辺ではあるが、毎年ゴールデンウィークの時期には、一気に華やかな雰囲気に変わる。「文化祭」がおこなわれるのだ。

校門から入った細道には、文化祭を告知する派手に彩られたボードが両脇に所狭しと並べられている。そして、正面の校舎の外壁には教室三フロアに相当する大きなサイズの垂れ幕が掲げられ、文化祭の盛り上がりを演出する効果を出している。

驚かされるのが麻布の文化祭への来場者数の多さである。在校生、在校生保護者のみならず、受験生やその保護者、また、大挙してやってくる女子校生たちの姿も目立つ。

二〇一八年度の「第71回麻布学園文化祭公式ツイッター」によると、開催三日間で二万八九六三人の来場者があったとか（文化祭実行委員を務めていた卒業生によると、来場者のカウントには在校生・卒業生を含まないらしい）。二〇一九年は文化祭が六月に急遽延期になった（その理由は後述する）が、それでも二万六七二三人の来場者を迎えた。首都圏の私立中高の文化祭の来場者数を調べてみると、一万人を超える規模の文化祭はよほどの有名校でないと難しい。それを考えると麻布の文化祭のスケールの大きさが分かる。

なお、麻布の文化祭の各展示はクラス単位でおこなうものではない。部活単位か、あるいは有志による企画となる。総額で七〇〇万円前後のお金が動くとか。

麻布の卒業生たちに取材すると、小学生のときに麻布を志望したきっかけとしてこの文化祭を挙げる人がほとんどである。そして、結果としては麻布に通うことになったものの麻布を受験するか敬遠するかどうか逡巡するきっかけになるのもこの文化祭である。換言すれば、それだけインパクトのあるイベントなのだろう。

「麻布の文化祭に行ったら、とにかく『最高』って思いましたね。在校生たちが発する熱量、エネルギーに圧倒されたというか。ステージを見学したら、金髪のお兄さん、いや、それ以上にインパクトのあるなりをしたお兄さんたちがワーっと盛り上がっていて、『中高生ってなんだか凄いな』と憧れたんです。そのくせ、小学生のぼくを懇切丁寧に案内してくれるお兄さんが多かった。『見た目とは違って、すごく優しいじゃん、こいつら』って感動しました」

そう語ってくれた卒業生は、中学受験で男子最難関校である「筑駒」こと筑波大学附属駒場にも合格したが、この文化祭に魅入られたことをきっかけに麻布進学の道を選んだ。

そのように麻布の文化祭に好印象を抱く人がいる一方で、先述したように文化祭のその熱量に引いてしまう人もいる。

「麻布の文化祭に行きましたが、その第一印象は最悪でしたね。ただ、うるさいなあ、嫌だなあと思いました。会場入り口に装飾されているスプレーアートも含めて、なんだか騒々しいなと」

別の卒業生もこう口にする。

「ぼくは中学受験するときにいろいろな学校の文化祭に足を運んだんです。麻布の文化祭は確かに圧倒的なエネルギーが伝わってきたのですが、同時に『内輪ノリ』を感じました。ぼくが好印象を持った文化祭は駒東（＝駒場東邦）です。駒東は来場する人を楽しませることに重きを置いているというか。開成・筑駒の文化祭は何だか真面目過ぎてぼくには面白くなかったなあ（笑）」

「麻布」「文化祭」とグーグルで検索をかけて、画像をチェックすると、麻布の派手な文化祭の様子が分かるとともに、来場する女子校生たちの数の多さが目を引く。文化祭のメインステージにはそんな彼女たちが群がっている光景が恒例になっている。

一人の卒業生はまさにこの点が麻布を志望する決め手になったと言う。

「小学生のときに麻布の文化祭に来たら、もう女子校生の数が半端なくて。おぉ、こんな俺でもこの学校に入ったらモテるかもしれないぞ。そんな淡い期待を抱きました（笑）。それが麻布を志望した一番の理由かもしれないですね」

麻布生たちが異口同音に言うことがある。女の子たちにチヤホヤされるのは文化祭の時期限定だという点だ。

ある卒業生は苦笑する。

「文化祭にはたくさんの女の子が来ますし、そこで仲良くなってメアド交換なんてこともあります。ご近所の東洋英和（女学院）とか、あと、女子御三家（桜蔭・女子学院・雙葉）の子たちも多かったな。だから、文化祭が終わって一週間か二週間かは学内が何だか色めき立っている。で、五月・六月くらいにはちらほら合コン（カラオケが多いらしい）が催されて……。でも、だいたい七月くらいになると、何事もなかったように終息していく」

別の卒業生もこう口にする。

「文化祭が終了すると、もう学内は女の子の話ばかり。でも、夏前になると、そういう話題がどんどん少なくなって普段の雰囲気に戻っていく。まるで故郷に帰るかのように（笑）」

それでも、次のような猛者もいる。

「文化祭では『逆ナン』をよくされましたよ。で、中三のときにはじめて恋人ができました。それからは、彼女が途絶えたことはないですね。麻布生ってモテる人間はとことんモテますよ。でも、気持ち悪いヤツはとことん気持ち悪いですけど」

文化祭のはじまりは「芸能祭」

二〇一九年度に七二回目を迎えた麻布の文化祭。聞けば、その運営は生徒たちに基本的に任せられているらしい。そして、このスタンスは七〇年前より貫かれているという。

自身もOBである麻布の校長・平秀明先生は文化祭の起源は「芸能祭」であったと説明してくれた。

「ウチの文化祭は、戦後すぐの時期、敗戦で意気消沈している先生方を励まそうじゃないかと『芸能祭』という名で始まったのです。もう亡くなってしまいましたが、フランキー堺とか、小沢昭一が役者をやってね。それがずっといまに至るまで続いている。基本的に生徒たちが創り上げる、生徒たちの自己実現、自己表現の場というのかな。サークルや有志がテーマを設けて展示をする。人に見せる文化祭という側面もあるのだけれど、基本的には自分たちが楽しむ場ですよ」

とはいえ、文化祭の準備段階では出し物などの事前申請や相談を教員にしなければいけない。

平先生は言う。

「一応、生徒たちによって組織される文化祭実行委員会の中で『これ（文化祭で希望する展示）は採用、これは却下』という『査定』があって、一次査定が出来た段階ではじめて教員の目に触れるのですが、そのときに『これはどういうものなの？』と問題がありそうなものは確認を求めることがあります」

文化祭実行委員を務めていた卒業生は教員とのやり取りを「戦争」と言い表した。

「ぼくは放任どころか教員たちからの圧力を感じたことがしばしばありました。もうしょっちゅう『戦争』状態。たとえば、文化祭で教室の割り振りをおこなって使用の許可を先生に取りにいくんです。そしたら、誓約書を作成することを強制されて、何だか麻布の先生たちはそういうのはきっちりしていましたね。面倒くさいなと」

麻布の花形は「文実」

麻布といえば「文化祭」。そして、その文化祭の運営全般を取り仕切るのが「文実」こと「文化祭実行委員会」である。卒業生たちは口々に「文実あってこその文化祭」と断言する。だからこそ、文実のトップに立つ実行委員長は学内からも一目置かれる存在となる。

平先生はこう口にする。

「文化祭の実行委員長などは、わたしからするとずいぶんと『重い十字架』を背負っていると感じます。卒業したあとも、『元実行委員長』とみられますから、卒業後の進路や社会に出てからの生き様なども注目される。大変にプレッシャーがかかる、そんな存在なのではないでしょうか」

文実は具体的にどのような組織なのだろうか。聞けば、実行委員長をトップに、その下は「会計局」「総務局」「飲食部門」「運営部門」「行事部門」「展示部門」「統制部門」「美術部門」「フロンティア部門」の九つの部門に分かれているらしい。

この文実には何と「規約」がある。前文から始まり、全六章・五二条で構成される本格的なものだ。それだけではない。「文化祭実行委員会罰則規程」なるものまで存在している（こちらは全四章・二四条の構成）。

これらを見ただけでも、麻布の文実には生半可な気持ちでは携われないことが分かる。実際、文実の打ち合わせはかなりヒリヒリしたものになるらしい。

文実のメンバーだったある卒業生は「圧迫感」という表現を用いて、このときの様子を語ってくれた。

「麻布の文実は、圧迫感のある閉鎖的な会議をよくやっていましたね。『圧迫会議』という名称が世の中にあるのかどうかは分かりませんけど、何かしら答えが出るまで何度も何度も発言を回されるんです。で、答えっぽいものが出たら、『お前、それいいね』とやっと言われる。たとえば、文化祭とはなんぞや？　と聞かれるわけです。『全校一八〇〇人の自己表現の集まり』といったものが答えにあったみたいで、それを発言するように誘導され、またそれによって洗脳されていましたね」

この「圧迫会議」は代々受け継がれるものらしい。実際に彼が上級生になり下級生を率いたときには、やはり同じような手法を採択して会議をおこなったとか。何のためにこんなストイックになる必要があるのだろうか。

その彼は笑って言う。

「下級生に意地悪をするのが目的ではありませんよ。文化祭成功のために、ひいては麻布のためにという使命感をぼくらは強く持っていました」

二〇一一年度の文化祭

わたしの目の前に卒業生から借りた『来年度文化祭日程および今後の学校行事の見直しについて』（二〇一一年十一月二日）、そして、『「来年度文化祭日程および今後の学校行事の見直しについて」の説明集会における説明内容』（二〇一一年十一月十六日）という二枚のプリントがある。

二〇一一年といえば東日本大震災が発生した年。この震災をきっかけに学校サイドは文化祭をはじめとする諸行事のあり方を見直してはどうかと在校生たちに突きつけたのだ。

その書面を見た平先生は懐かしそうに目を細める。

「これは相当反発を浴びたやつですね。二〇一一年の震災の年は五月から六月に文化祭の日程を変更したんです。それをきっかけに、人数を集めることだけを考えてやっていた文化祭はよくないのではないかと、翌年に安全面も考えた上でそれまでの土曜日・日曜日・祝日から金曜日・土曜日・日曜日への日程変更を打ち出し、生徒たちに突き付けました。

すると生徒側から『それは一方的だ』ということで討論集会をやることになったんです。こちらも多少焦ったところがあるんですけどね。その討論集会は講堂でおこないましたが、六〜七人の教員たちに対して、生徒側は二百人くらいいたのかな。そのときに、『教員が文化祭の日程を一方的に決めてそれを生徒に押し付けるのは、いままでの信頼関係に反するのではないか』と言われました」

ただ残念だったのは、と平先生は少し寂しそうにこうことばを継いだ。

「文実はもうちょっと戦略を練って教員たちに挑んでくるのかなと期待していたのですが、在校生たちのアンケート結果を突き付けてきたくらいで、いまいち説得力に乏しくて、教員の論理を覆すことができなかったのです。土・日・祝日でやっても自分たちで安全面をこう考えます、と具体案が出てくることはなかった」

平先生の口調の端々には生徒たちともっと闘いたかったという無念さが滲み出ているように感じられた。それをストレートに尋ねると平先生は優しい表情でうなずいた。

「そう、もっと闘いたいですよね。それ以来いまだに文化祭は平日を含んだ三日間でおこなっています。しかし、以前よりは多くの人たちが滞留するということがないように気を配っていますので、校長のわたしとしては五月の三日・四日・五日に戻すことができるのではないかとも思うのです。生徒もそう希望するでしょうしね。でも、現状では生徒たちが教員に押し切られる感じで実現していません」

とはいえ、卒業生の一人は、この学校側のスタンスが嬉しいと言う。教員側が大上段に構えて自分たちの意見を押し通すのではなく、職員会議で決定した事柄や悩みについて情理を尽くし書面で明らかにする。そして、「で、君たちはどう考える？」と議論を吹っかけてくれる。この点がいかにも麻布らしいと口元をほころばせていたのだ。

教員にタメ口を利く生徒たち

生徒たちともっと闘いたいと望む教員サイド。卒業生に取材を重ねると麻布特有の「生徒と教員の距離感」が浮かび上がってくる。「特有」と言い表したが、これは「特異」と言い換えてよいかもしれない。

卒業生の一人は麻布に入学早々、教員とのその独特な距離感に戸惑いすら覚えたという。「入学してすぐ担任の先生と話をしていたんです。まだ小学生の延長くらいの頃でしたから、『●●先生』って呼んだのです。そしたら、『先生なんてやめろ。「さん」付けで呼べ』って叱られたんです（笑）」

そして、彼はおそるおそる教員を「●●さん」と呼ぶようになるが、その呼び名から「さん」が抜け落ち、タメ口を叩くようになるまでにはさほど時間はかからなかったと笑う。

「職員室へ遊びに行ったときなどは、『おい、●●（呼び捨て）、お前仕事しろよ！』なんて感じで会話していました。なんだか、親しい友人に『バカヤロー』なんて軽口を叩く感じ。先生たちとは対等。若い先生だから距離が近いというわけではなく、むしろ逆。ベテランの先生であればあるほど、何だか友だちみたいな感覚が強くなっていく。あれはどうしてだろう？　不思議だったな」

別の卒業生はこう口にする。

「職員室にしょっちゅう入り浸っていました。というより、校舎の構造上、職員室の前を通らないといけない。つまり、ぼくらの動線部分にある。職員室でどんな会話をしていたか、ですか？　どうでもいい雑談ばかり。たとえば、机の汚い先生のところを通ったときは『いい加減に掃除しろよ』とか」

平先生によると、この生徒と教員の距離感は古くから変わらないらしい。

「職員室には確かに多くの生徒たちがやってきます。教師に議論を吹っ掛けにやってくる子もいれば、ただ単に駄弁りにくる子もいます。あと、授業の質問にくる生徒もいますね。

教師も職員室に積極的にくる子に対してとても親切に対応しています。普段、寡黙なタイプの子が職員室に訪れてくれるなんて嬉しいこともありますよ。昔から生徒と教員の距離は近いですね。高名な教師をニックネームで呼んだりしてね。たとえば、頭が禿げているおじいちゃんの先生は『ワットさん』。何でも一〇〇ワットの明るさだとか（笑）。そう考えると、昔のほうが傑作な渾名が多かったように思うな」

ある卒業生によると、乱暴な口を叩ける教員であればあるほど、生徒たちからの信頼は厚いという。

「麻布の先生とは本当に友だちのような関係。たとえば、●●先生という人がいたのですが、普通に生徒たちから『おい、●●！　なんだよ、言っていること全然分かんねえぞ！』とか授業中に野次が飛ぶ。で、そう言われた先生は『これから説明すんだよ。うっせえよ！』なんて返ってくる。そういう先生であればあるほど授業内容は素晴らしいし、生徒たちに心から慕われているんですよね」

教員が生徒たちから「承認」される

ところが、新任の教員がこの距離感を解さないでふるまうと、生徒たちから酷い仕打ちを受けることがあったという。

一人の卒業生はある教員について懐かしそうに思い出す。

「二〇代の新任の数学教師に対する扱いなんて酷かった。この人、こともあろうに授業中に『うるさい、静かにしろ！』と言い放ったんですよ。『これはちょっと麻布ってものをこいつに教え込まなければいけないんじゃないか？　こいつをのさばらせていいのか？』ってクラスが一致団結しました。その先生を廊下に連れ出して、そこで論戦を吹っ掛ける。●●という先生なんですけど、当時ツイッターで『●●ｂｏｔ』が出回っていましたね（笑）。でもその先生、ぼくらが卒業するころは、麻布にすっかり染まっていて、何だか丸くなっていたな」

この話を平先生に振ってみた。

「新しい先生が着任すると生徒たちから『洗礼』を浴びせられることがあります。『歌え』コールが起こって、歌うまでは静かにしないとかね。『歌え！　歌え！』というコールが職員室まで聞こえるんですよ。ああ、また何かやられているなと」

さらに、平先生はご自身の若かりし頃を思い出し、苦笑した。

「昔、ぼくが最初に担任を受け持ったクラスの話です。ある時、生徒たちが盛り上がって、わたしは歌を無理やり歌わされました。それだけではありません。そのあと生徒たちに胴上げされながらずっと校内を移動し、そのまま階段を下りていって、最後はプールに投げ込まれた。まあ、何人かはプールに道連れにしてやったんですがね」

そんなとき、平先生はどのような気持ちを抱いたのだろうか。

「ぼくはそのとき嬉しかったですよ。生徒たちから（麻布の教員として）『承認された』と誇らしい気持ちになったのでしょう。いまの若い先生なら多分怒っちゃうかもしれませんが」

生徒たちは教員を信頼している

麻布の生徒たちと教員の関係性はかなり特異であることが分かるだろう。「長幼の序」に重きを置く人はこれに違和感を抱くばかりか、生徒たちの言動に対して眉をひそめてしまうかもしれない。

なぜ、麻布の生徒たちは教員に対しタメ口を叩き、ときには教員にとって酷なふるまいを見せるのか。

卒業生は言う。

「麻布生ってみんな俺たちは何でもできるぜっていうプライドを無駄に持っている」

平先生はこう分析する。

「自分たちのほうが教員より優秀だと思っているんじゃないですか。ぼくらは入学試験を受けて合格したけれど、先生たちはそうじゃないでしょ、という思いがあるんじゃないでしょうか」

ちなみに、麻布の教員の中で麻布出身者は全体の八分の一程度らしい。

平先生は麻布生たちはある意図を持って敢えて教員と対立してみせることもあるのではないかと指摘する。

「文化祭でも運動会でも生徒たちで組織される実行委員会が責任を担います。一応、教員が監督はするのですが、自分たちで好きなように運営したいという思いが強い。さらには、下級生の支持も集めなくてはいけない。そういうところでポーズとして教師に『敵対』してみせるということがあるのでしょう。『教師の言いなりになんか俺はならないぜ』というのはある意味『利益的』な側面からくるのでしょう。そのポーズが内部結束につながることがありますしね」

しかし、である。麻布の卒業生たちに取材をして、在学中の思い出話をしてもらうと、そこには必ずといっていいほど、教員の固有名詞（そのほとんどが渾名）が登場するのである。彼らが教員を心から慕っていることがひしひしと感じられたのだ。

卒業生の一人は教員に次のような思いを抱いていた。

「麻布生を観察していて思ったのは、どんなに先生を舐めてかかっているように、あるいは、どんなにバカにしているように見えても、それぞれの先生に凄いところがあるというのはみんな分かっているので、その部分については絶対的な信頼、敬意は持っています」

何人もの麻布卒業生に取材して感じたことだが、彼らは一様に口調がフランク、悪く言えば生意気な雰囲気があったのだが、不思議なことにそれが彼ら独特の愛嬌になっていて、決して悪い感じは受けない。

そう口にしたら、一人の卒業生が微笑んだ。

「それ、言われて一番嬉しいことです。麻布生って『嫌われない程度のフランクさ』は中高生活の中で身につけるようになっています」

この麻布生のスタンスは中高時代の教員との関係の中で培われたのではないかとわたしは睨んでいる。

また、ある卒業生によると、麻布の生徒たちは教員たちから「守られている」という感覚を持つという。

「麻布の先生たちって、基本的に生徒放任なのですが、失敗したときのアフターケアがしっかりしている。『俺たちが全部見ていてやるから、お前ら好きにやれよ』というスタンスです。普通の学校なら何か問題を起こしたら罰則があるじゃないですか。ところが、麻布はそうではない。失敗したあとに、先生たちがはじめて親身に対応してくれるんです」

麻布の教員は生徒たちを温かく、ときには辛抱強くその成長を見守る雰囲気があるらしい。一人の卒業生は友人でもある「問題児」を例に挙げて、そのことを説明してくれた。

「先生たちに怒られることは多いですよ。でも、生徒を即退学になんかしない学校です。なんやかんやでぼくたちのことを抱きしめてくれるんだな、支えてくれているんだな、というのは当時から感じていました。たとえば、京大に進学した友だちは、窃盗を繰り返してめちゃくちゃ長い謹慎を喰らっていました。普通の学校ならすぐ退学させられるでしょう。でも、麻布の先生は忍耐強く、そいつの更生を見守っている。そういえば、そいつはいまだに我が物顔で麻布に遊びに行っていますよ」

別の卒業生も同じようなことを口にする。

「ぼくの代の麻布では、途中でドロップアウトしたヤツはいないです。どんなに悪いことをしたとしても、学校側はソイツが更生するまで待つという姿勢でしたから。それに、麻布の先生って成績ヤバそうなヤツには補習したり再試験をしたり、結構細やかにやっていますね」

この点を平先生に尋ねると、笑顔でこう返してくれた。

「いったん預かった子はね、ウチに期待をして入ってきたわけだから、一人前の青年にして社会に送り出すのが使命だと思っています。たとえ、在学中に悪いことをしたからといって学校を追い出してしまうのは、教育を放棄することと同義ですから。生徒がこちらの指導に従う限りは最後まで面倒をみようと考えています。卒業生たちがそういう点を感謝してくれているのは実に嬉しいことです」

麻布生は女性教員が苦手⁉

教員たちから温かな眼差しを注がれて、麻布生たちは自由を謳歌し、校内を意気揚々と闊歩している。が、そんな麻布生にもウィークポイントがある。

どの世代に聞いても、女性教員との接し方で間違いを犯したという話が必ずといっていいほど登場する。

「生物の●●ちゃんっていうぼくらのアイドル的な女性の先生がいたんです。中学生のときにぼくらが授業中に騒がしくしていたら、その●●ちゃんが泣きながら教室を出ていってしまったんです。そのときのぼくらの罪悪感たるや……。こっちはちょっとからかっているだけで悪意はゼロなんです。で、そのときはみんなで職員室に行って●●ちゃんの前で頭を下げました」

なんとも可愛らしい話である。

一方、女性教員とのこんな衝突も別の卒業生から耳にした。

「ある女性の先生は『胸を触られた』とかなんとか言って学校自体辞めてしまいました。授業中にゲームやっていたやつがいたのですが、先生にそれを取り上げられてしまい、それを取り返そうとしたはずみで胸に触れたとか触れないとか……。『俺、おっぱいなんか触っていない』『触られました』『触ってないよ』『いや触った』、そんな押し問答をずっとやっていたな。ぼくはその場にいましたが、どう考えてもおっぱいには触れていないと思うのですが。まあ、男子校が向いていない人だったのかな」

こんな失敗談もあるにはあるが、卒業生たちによると、麻布生は女性教員や事務の女性職員にはとても優しいそうだ。これは男ばかりの環境だからだろうか。

平先生は麻布生のこんな姿を目の当たりにした。

「妊娠中の女性教員がいたときは、生徒たちが教室まで荷物を持っていってあげていました。へえ、こいつら優しいところがあるんだなと感心しましたよ」

取材当時の話ではあるが、麻布には計九二名の教員がいるそうだ（養護教諭、司書教諭を含む）。その内、女性は一〇名と少数派だ。それでも、以前に比べると女性の比率が近年は高くなってきたとか。なお、麻布出身の教員は平先生を含め一二名とのこと。

平先生は女性の教員の採用についてこう語った。

「昔の麻布は女性が勤められるような環境ではなかったのですが、ここ二〇年くらいでずいぶん増えました。採用面接をすると女性のほうが明らかに優秀な人が多い。彼女たちは度胸があるしね。反面、男性のほうがオドオドして弱々しい人が多い気がする。わたしが最終選考の面接をおこなうのですが、採用した女性の教員は相当な力量で生徒指導に当たってくれています。とても頼もしい存在です」

先輩と後輩の関係は意外に厳しい!?

教員との近しい距離を考えると、麻布では先輩・後輩の分け隔てなど全くなく、フランクな関係性を築いているのだろうか。

ところが、意外や意外。運動系のクラブ活動を中心にそこには厳しい上下関係が存在するらしい。

「バスケは中バス（中学バスケットボール部）と高バス（高校バスケットボール部）に分かれています。互いの交流はあんまりなかったですね。中一と中三はひたすら下積みです。中三から高バスに移行するため、その中では最下級生になりますから。そんな下っ端の立場のときは先輩のスポーツドリンクを作ったりとか、練習前に早く行って体育館のモップ掛けをしたりとか。部活のミーティング中には先輩たちが座っている中、立って話を聞かなければいけない。だから、先輩たちは大変こわい存在でしたよ」

バスケットボール部に所属していた卒業生はこう振り返った。

別の卒業生によると当時は硬式テニス部が最もハードだったらしい。

「硬式テニス部は厳しさが尋常じゃない。上級生が後輩に対して、『お前ら、声ちいせえよ！』『はい！』、『オラ、声ちいせえって言ってんだろ！』『はい！』みたいな。そんなやり取りがよく聞こえてきましたね」

ただし、運動系のクラブがすべてこのような雰囲気かというとそうではない。

たとえば、サッカー部に属していた卒業生によると、先輩との距離は近かったらしい。

「練習自体は週四〜五日あるのでなかなかハードでした。学校のグラウンドが狭いので、Aチームとbチームに分けて、片方は乃木公園で練習していました。先輩と後輩の仲はわりあい良好でしたよ。理不尽なしごきを受けるなんてこともなかったです」

そのサッカー部の彼が言うには、クラブ活動も生徒たちが中心になって運営するという。サッカー部では練習試合の対戦校を決めるのも生徒自らが電話をして交渉をしていたとか。

一方、文化系のクラブはどんな感じなのだろうか。

漫画研究会（現在は文芸部と統合されている）に所属していた卒業生は言う。

「運動部ほど上下関係はきっちりしていないですね。厳しくしちゃうと、一緒に楽しく取り組むことができなくなるじゃないですか。ただ、もちろんある程度の線引きは必要です。先輩にタメ口は叩けませんし。ついうっかり先輩にタメ口を利いてしまった後輩がいたときはその場がヒヤっとなる感じ。ただ、これは麻布という学校全体がそういう雰囲気だったように思います」

やはり文化系のクラブも教員の力をさほど借りず、生徒たち自身の手で運営していたらしい。

文実のヒリヒリした会議について前述したが、クラブ活動が生徒たちの自主性に委ねられると、そこには規律が必要となる。そうなると、それをきっちりと管理するための序列が生まれるのだろう。

麻布のホームページをチェックすると、現在は運動部が二五団体、文化部が二〇団体存在している。変わったところでは、「タッチ・フラッグフットボール部」(アメリカンフットボールに似ている)、「バックギャモン部」(ボードゲーム)、「TRPG研究会」(テーブルロールプレイングゲーム)などが目を引く。

また、「オセロ部」、「チェス部」、「囲碁部」、「将棋部」などは各種大会で個人・団体ともに好成績(全国レベル)を出していて、麻布生の高い知性の一端を窺うことができる。これらの競技には高いレベルの論理的思考力、洞察力、記憶力、そして、集中力が必要なのだから、激戦の麻布の入試を突破しただけのことはある。

とにかく「書かせる」麻布の入試問題

麻布の入試問題は各科目（算数・国語・理科・社会）独特だ。算数の立式、国語の記述問題はじめ、相当な分量を「書かせる」のである。

平先生は入試問題全般に込められた教員サイドの思いを代表して語ってくれた。

「やっぱり自分の頭でしっかり考えてほしいということですね。考えたことは表現しないことには相手に伝わりませんから、それをしっかり表出するということです」

たとえば、算数では正解か否かだけでなく、その過程も採点の際に重要視するという。

「算数の問題でいえば、『ウチはこんな生徒がほしい』なんて言っている余裕などなく、ウンウン捻り出して作成しています。敢えて言うならば、解答だけでなく、途中式を書かせますから、論理的な思考がちゃんとできているか、その途中経過もウチでは採点対象の一つになっています。ですから、たとえ解答が誤っていたとしても、筋道立ててしっかり考えた跡が残っているならば部分点を与えることも多いですよ。逆に、解答は合っていたとしても、途中式を何も残していなければ、ウチは×にします」

そして、こう付言する。

「立式だけでなく、算数の問題を解く過程では悪戦苦闘して自己を表現しようとしますよね。自分なりに表を作ったり、図で示そうとしたり、あるいは、日本語で考えを書いたっていいわけです。『こうだから、こうなると思われる』とか。そんなふうにあらゆる手段を用いて入試問題に取り組める受験生はいいですよね」

では、国語、社会、理科の入試問題はどのような特徴があるのだろうか。これも平先生が説明をしてくれた。

「国語は物語文一題形式が多いですが、主人公が受験生と同年代かやや年上の設定になっている場合がほとんど。その主人公と周囲の人間関係をしっかり読み取り、相手の気持ちを推し量って読解することが大切です」

麻布の入試問題ではかなりの長文を読ませる。その上で、登場人物の心情をはじめ、ときとして暗示されているものを読み解いていかねばならない。しかも、それらを相当な分量で記述させるのである。

「社会についていえば、身の回りの日常的なことへの社会的な関心、そこからいろいろ掘り起こして、歴史的、地理的、政治や経済と結び付けて考えられるかどうか。ときにはテレビのニュースや新聞を見て、社会的な問題を自分に引き付けられる子に来てほしいという思いを込めて問題を作成しています」

二〇一九年度の社会の入試問題では、二〇二〇年に東京オリンピック・パラリンピックが開催されることに因んでか、スポーツの歴史がテーマであった。都市対抗野球の存在意義を問いかける問題をはじめ、頭をひねりにひねらなければ解けないものばかり。前年の二〇一八年度の社会の入試問題では、ハンセン病や移民の問題などを題材に、昨今のSNSなどによる差別的な暴言にまで踏み込む内容が出題された。こちらも一問一答形式の学習では到底太刀打ちできない。

「理科は、物理・化学・生物・地学それぞれから出題します。理科的な事象への興味・関心、あるいは科学的な態度を持った観察力を有しているのかどうかをみています」

麻布の理科は、子どもたちが初見となる高校課程の内容から出題されることが多い。二〇一七年度は当時話題になった「ニホニウム」についての問題が出題されたり、「慣性の法則」を科学的に考える問題が出題されたりした。翌年の二〇一八年度にはこれまた時事的話題である「土星探査機カッシーニ」についての出題もあった。日ごろから多くの情報にアンテナを張り、科学的事象に目を向け、その原理や問題点を納得いくまで考え抜く習慣が求められている。

一人の卒業生はこともなげに言う。

「麻布の授業ではことあるごとに書かせるんです。書くのが苦手な人っていないんじゃないかな。だって、あの入試問題じゃないですか。麻布はそもそも自分で物事を考えたり、その考えをしっかり表現できなかったりする人には来てほしくないと思っているんじゃないでしょうか」

卒業生のことばに応えるかのように平先生は麻布の入試問題について次のように言及した。

「麻布の入試問題は、知識の多寡を問うというよりは、中高時代にぐんぐんと伸びていきそうか、そんな可能性を持った子を発掘したいという意識で作成しているんです」

中一が取り組む「感想文」

麻布が「書く」ことを重視していることは、麻布が毎年発行している『論集』を見るとよく分かる。

手元に『論集 '14 33号』がある。A5サイズで四〇〇ページを超える分量だ（遠目には大手出版社が刊行している文芸誌のようにも見える）。

その内容は多岐にわたっている。国語科や社会科などで課された生徒たちの論文、リポートのみならず、美術や家庭科のリポートや作品の数々も掲載されている。また、生徒たちから自主的に投稿された論文や作品もある。ちなみに、投稿作品の字数は「四〇〇字詰原稿用紙二〇枚程度」とある。かなりのボリュームだ。

平先生は言う。

「この『論集』は三〇年以上続いていますが、ここに載ると麻布生全員の目に留まります。それはある意味名誉なことだろうし、だからこそそれを目標に掲げて作品を仕上げる子もいます」

さて、その『論集』の「国語科」の中で、中学校一年生たちが書き上げた数々の感想文が目を引く。夏休みの課題らしいが、これはどういうものなのだろう。

一学期の道徳の時間に「中一校長特別授業」がある。そこでは、麻布の創立者である江《え》原《ばら》素《そ》六《ろく》の歩んできた道が書かれている新書サイズの本（加藤史朗著『江原素六の生涯』麻布文庫第一巻）が生徒たちに手渡され、それに基づき、校長が授業をおこなう。そして、生徒たちは夏休みにこの本についての感想文に取り組むというものだ。

平先生は感心する。

「中一全員ですから、約三〇〇人分の感想文に目を通しますが、へえ、中一でこんなに高いレベルの文章を書けるんだと驚かされることがあります」

『論集』にはこの取り組みについての平先生のメッセージが記されている。その一部を紹介しよう。

「この取り組みは、入学した学校の創立者の建学の精神に思いを馳せること、そして幕末から明治・大正と、日本の社会が大きく変貌を遂げる中、江原先生ご自身の生涯が大きく波乱に満ちたものであり、その時々の先生の考えられたこと、仰ったこと、行ったことを知ることが、今を生きる私たちにも大変意義があると考えて実施しています。中学校一年生が読むには歯ごたえのある書物ですが、多くの生徒は創立者の人となりを知って、自分が通う学校にさらなる愛着を持つようになります（以下省略）」（『論集'14 33号』より）

創立者の志について、これほどまでに時間をかけ、そして、感想文まで提出させる学校は珍しい。

換言すれば、第一関門を「中学入試」とするならば、この取り組みは「本当の麻布生」になるための（あるいは、近づくための）第二関門に相当するのかもしれない。中学校一年生という日々学校生活に新鮮味を見出している時期におこなうのだから、この取り組みが各人の心に何かしらの刻印を残す可能性が高いといえる。

とするならば、江原素六の人生から学びとったものは麻布生たち、卒業生たちの行動規範の基盤として一脈通じているのかもしれない。

江原素六の「愛と奉仕」

麻布の創立者である江原素六とはどのような人物であったのだろうか。

一九九五年に麻布が発刊した『麻布学園の一〇〇年　第一巻　歴史』（編集／麻布学園百年史編纂委員会）に『江原先生の追懐』と題された文章が掲載されている。この文を寄せたのは清水由松。江原素六とともに麻布の創設に尽力し、江原の死去に伴い麻布の二代目校長に就任した人物だ。その一部をここに抜粋する。

「江原先生は実に終始一貫、実践窮行の人であったと云う事が出来る。

想えば最後の訣別となった今度の修学旅行中も、遂に凡てを生徒と同じく過された。汽車のなかにても、旅舎に宿ったその時も、また箱根の険阻なる山をも、八十有余の老体を以て、然も元気に若き生徒と共に歩まれしなど、これを観るも先生の御日常が窺われる」

麻布の創立者であり、初代校長を務めた江原素六は、その肩書の持つイメージとは異なり、生徒との距離がとても近く、かつエネルギッシュな人物であったことが分かる。

さらに、清水はこうも追慕する。

「数多の卒業生をよく記憶して何時も覚えて居られた事は実に驚くほどで、卒業生の就職とか、或は旅行免状下附などの数々の世話事に、尽力されて、少しも倦むところがなかった。先生は誰から送らるるやら判らぬように、学費に窮したる者、或は特別の事情あるを知るものに、送金小切手にて常に若干の金子を送って居られた。又先生は生徒が如何なる悪戯をしても、叱責する如き事はなく、その生徒を呼びてもただ茶菓を与えて帰すという有様であったがその生徒は叱らぬ先生の御人格に、却って感泣するのであった」

生徒が如何なる悪戯をしても叱責しなかった江原の姿は、先述した現在の麻布の教員のスタンスと合致していて、興味深いところである。

それにしても、江原の生徒たち一人ひとりに対する深い愛情には感心させられる。この文章を通じ、自己犠牲を全く厭わずに教育に力を注ぐ江原の姿が目に浮かんでくるようだ。

実際に、創立期の麻布で学んだ生徒たちは口々に江原素六その人と出会えたことの喜びを語っていたらしい。生徒たちは「江原校長」ではなく、「江原さん」と親しみを込めて呼んでいた。そして、学校に姿を見せた江原には多くの生徒たちが群がったという。

この江原の愛と奉仕の精神はどこで培われたものなのだろうか。

『麻布学園の一〇〇年　第一巻　歴史』にはこう綴られている。

「麻布を文字通り『麻の布』に譬えれば、この麻布を織りなした縦糸は江原素六その人であった。（中略）横糸は時代の激動そのものの中にあった。つまり江原素六という縦糸が麻布を織りなすためには、幕末から明治にいたる歴史の激動とその渦中における様々な出会いが必要であった。こうした様々な出会いの中で、麻布の創立にかかわる二本の太い横糸となったのが、キリスト教と自由民権思想である」

それでは、江原素六の生涯を略述してみよう。

激動の時代を生きた江原素六

江原素六は、一八四二年（天保一三年）、幕臣江原源吾の長男として江戸で生まれた。父が幕臣とはいえ、小普請組津田美濃守配下（下級武士）で、その食禄もわずかであり、生活はかなり困窮していたようである。ただ、その環境に対し泣き言ひとつ口にしない両親を見て育った素六は、物欲や金銭欲が薄かったとされる。

しかし、素六は学ぶことについてはひときわ貪欲であった。素六は親の内職の房楊枝（歯磨きの道具）の光沢付けを手伝いながら、漢学や蘭学、洋算、そして剣術などの学問・鍛錬に勤しんだ。

その甲斐あって、素六は二〇歳にして解体寸前であった幕府軍の指揮を執るようになる。だが、素六はその後戊辰戦争の一つである市川・船橋の戦いにて官軍と戦い負傷をし、九死に一生を得る経験をした。

江戸幕府が滅亡したあと、徳川家は江戸から駿府（静岡県）へと移ることとなった。素六もまた旧幕府側の人間として一八六八年（明治元年）に沼津（現在の静岡県沼津市）に転居した。

素六は沼津に設置されていた陸軍局のもとで沼津兵学校の経営管理に当たった。その後、明治政府の命令で兵学校が廃止された後も、集成舎（現在の沼津市立第一小学校）、沼津中学校、駿東高等女学校（現在の沼津西高校）などを設立し、沼津の教育に尽くした。

素六が力を注いだのは教育事業だけではない。素六は、旧幕臣の授産事業として、愛鷹山での酪農を始め、牛乳やバター、チーズ、羊毛などを生産した。また茶を栽培し、それをアメリカへ輸出する事業を興した。

素六にとっての大きな転機は、沼津中学校でのカナダ・メソジスト教会の宣教師ミーチャムとの出会いである。ここで素六はキリスト教と自由民権思想に触れることになる。

素六は受洗後一切の公職を辞し、キリスト教の伝道に従事するようになった。

そして、沼津の地で自由党の板垣退助と出会い、板垣の遊説に同行するようになる。伝道活動のかたわら、政治的な活動にも精力的な素六は愛鷹山官林の払い下げ運動の推進者として活躍した。地元の有力者から推される形で一八九〇年（明治二三年）、第一回衆議院議員選挙に当選、長く議員を務めることとなる。

政治家として生活の本拠を東京に移してからも、素六の活動の焦点は教育にあった。また、東京YMCAの理事長を務めるなど、布教活動も続けた。加えて、女性解放運動にも賛同し、男女平等を訴えた。

そして、素六はカナダ・メソジスト教会のミッションスクールとして設立された麻布鳥居坂にあった東洋英和学校の幹事となる（のち校長に就任）。さらに、一八九五年（明治二八年）にその東洋英和学校内に麻布尋常中学校を創立、初代校長を務めた。これが現在の麻布の前身である。

なお、麻布はミッション校ではない。これまでの素六の経歴を考えるといささか不可解である。だが、これは時の政府がミッション校を弾圧していたためである（実際に文部省は一八九九年に宗教教育禁止令を発布した）。すなわち、ミッション系の学校であるならば、麻布が尋常中学校として認可を取り付けるのは絶望的だったのだ。この状況下、素六は苦渋の選択をすることになる。麻布が尋常中学校として存続するために、ミッションスクールを諦めた。さらには尋常中学校を東洋英和学校から切り離さなければならなかった。

そして、一九〇〇年（明治三三年）に麻布尋常中学校は元麻布の現在地へと移転したのだ（前年に「麻布中学校」と改称）。

素六は一九二二年（大正一一年）の五月に脳溢血にてこの世を去るが、その数日前には麻布の箱根への遠足にも同行していたという。

「青年即未来」

江原素六の歩みを紹介したが、激動とも形容できる時代の中、常に多忙を極めていた人物であることが窺い知れる。

しかし、素六は時間のある限り、生徒と時を共にしていたようである。それは先述した清水由松の回想からもよく分かる。

素六の教育観が如実に表れていることばがある。それが一八九九年（明治三二年）に創刊された『麻布中学校々友会雑誌』の巻頭に寄せた格言、「青年即未来」である。すなわち、「青年の一人一人に宿る豊かな個性こそが、この社会の未来を築き上げる原動力となる」という意味であろう。この生徒たちの豊かな個性、才能を尊重するという教育観はいまの麻布にそのまま引き継がれているといえる。

素六の生い立ちは恵まれたものでは決してなかった。だからだろうか、素六の言動に通底しているのは「弱者への温かな眼差し」であるとともに、「権力」を疑ってかかる姿勢だ。もちろん、「キリスト教」と「自由民権思想」によって形成された側面も多々あるのだろうが。

それらがよく現れている素六のことばを三つ紹介したい。

「一体日本人の考えでは、何だか政府が一番大きいように思って居る。文明の進んだ国においては、政府の力などは至って微弱なものである」

「人を待遇するには、人の自由と権利を尊重しなければならないと同時に、自らも独立自尊の徳に満ちておらねばならぬ」

「労働者は『人』であるとの自覚から、各個人が独立の品位を保つ為に、労働に対する正当なる労銀を要求する権利を、欧米にてははやくから法律を以て認めているのである。この正当の労銀を要求するには、個人の力では目的を達し難いゆえに、団体の力を以てこれに当たるのである。富める者、地位ある者は、とかく傲慢に陥り易いものであるから」

素六の遺したことばを見ると、「反権力的」なものが目立つ。わたしはこれを旧幕臣としての薩長藩閥政府への単なる反発とは受け取ってはいけないと思う。そうではなく、激動の時代の中に生きた素六にとっては、時の権力がどう変わろうとも、決してブレない確固たる個性を各人が備えるべきであるという強い信念があったのではないか。

だからこそ、「青年即未来」は、素六のこの思いが凝縮したことばといえるだろう。

麻布の二つ目の源流

平校長は言う。

「数年前、本校は一二〇周年を迎えたのですが、ぼくが思うに麻布のオリジン、源流というのは二つあると考えています。一つは江原さんが創立されたこと」

では、いまの麻布の風土を築いた二つ目の源流とはいつのどんな出来事だろうか。

「麻布の第二の源流は、第一次紛争と第二次紛争でしょう。一九六九〜七〇年の第一次学園紛争というのは、当時の大学紛争の影響を受けたものです。そのときは数日間全校集会をおこない、生徒と教員が最終的にはしっかり対話をして、『意志の集約』というものを作りました。そこの最初に何を謳っているかというと、『生徒の自主活動は基本的に自由である』ということ。麻布は細かい校則とか生徒手帳とか、それこそ制服すらありません。生徒の自主活動は基本的に自由である。このことは、麻布にとって生徒たちを律する憲法のようなものとしていまなお息づいているのではないかと思います。だから、生徒たちが大きな問題を起こさない限りは、教員たちは彼らを見守るというスタンスになったのですね」

なお、第二次学園紛争は、第一次学園紛争直後、一九七〇年（昭和四五年）四月に山内一郎が麻布の理事長及び校長代行に選任されたことに始まる。

山内は就任直後の職員会議において、前述した「意志の集約」の破棄、生徒会の凍結や印刷物の事前検閲、生徒の政治活動の禁止、そして、政治活動をおこなう可能性のある生徒のリストアップなどを求めた。その後、山内は一部教員の解雇、文化祭の延期決定など専制的な学校運営を進めていくことになる。

こうした「独裁」に対して生徒はもちろんのこと、教職員組合からも山内の辞任を求める声があがった。

そして、一九七一年（昭和四六年）一〇月に山内が一ヶ月以上に渡るロックアウトを断行。これにより生徒たちの不満はさらに高まっていき、結果一一月の全校集会にて生徒たちに取り囲まれた山内は辞任に追い込まれることになった。

麻布生たちは自らの手で「自由」を取り戻したのである。

後に山内は約二億四五〇〇万円という学校資金を横領していたことが判明。逮捕、起訴されることになる。

いずれにせよ、これらの出来事が麻布の校風、生徒と教員間との関係性に多大な影響を及ぼしたのは間違いのないところだろう。そして、この紛争で古株の教員が多く退職した。代わりに入ってきた「団塊世代」の若手教員たちは生徒たちとともに麻布の「自由」を創り上げていったのだ（後述するが、この団塊世代の教員たちの多くは近年退職した）。

麻布卒業生は「反権力」？

そういえば、二年前の二〇一七年は一人の麻布卒業生が世間を大きく賑わせた。元文部科学事務次官の前川喜平氏である。彼が初等中等教育局課長を務めていた際は小泉純一郎政権が推進しようとした「三位一体改革」に嚙み付き、義務教育費の削減などに異議を唱え、話題になった人物だ。そして、二年前は「加計問題」で数々の証言をおこない、安倍政権を揺るがした姿は記憶に新しい。彼の座右の銘は「面従腹背」。このことばは一般的にマイナス要素で用いられるが、彼は「自らの正義、信念は、どんなことがあっても曲げずにいよう」と考えているのではないか。

この前川氏を「平成の忠臣蔵」と形容し、援護したのは元経済産業省官僚であった古賀茂明氏である。そう、彼もまた麻布の卒業生だ（前川氏より一学年後輩）。

そして、麻布でラグビー部に所属していた前川氏とスクラムを組んでいたのは、現在城南信用金庫顧問を務める吉原毅氏（現麻布学園理事長）である。吉原氏は東日本大震災後、城南信用金庫が掲げた「脱原発宣言」を主導し、元首相の小泉純一郎氏らと脱原発活動を続けている。

この三名に相通ずるのは、自らの正義を貫くためには、周囲の目を恐れることなく「反官権的」になってみせるという点だ。

前述した麻布の創立者・江原素六の教え、そして、学園紛争を経て獲得した「自由」がいまなお彼らの心の奥底に息づいていると見るのはいささか飛躍しすぎであろうか。

実際、前川氏は高校二年生のときに麻布の「第二次学園紛争」を経験した。彼は二〇一九年五月に麻布で講演をおこなったが、こんな話をしていたらしい。

「学園紛争で学んだのは偉い人が言ったからそうだと思うのではなく、自分の頭でものを考えなければならないということ」

ここで江原素六のことばに戻りたい。

「真理に従うことは貴賤上下の区別はない。生徒の抗議に従うという場合にはご威光にさわるか知らないが、真理に従うならば何の否むところはない。けれどもとかくどうも官の威光という事を余り尊びすぎる。真理に従う時は、存外易々と行くものである」

何かにとことん打ち込む

麻布の「自由」を象徴しているのが、麻布には明文化された校則がないということだ。

ただし、「賭け麻雀の禁止」「鉄下駄での登校禁止」「全裸での外出禁止」「授業中の出前禁止」といった暗黙のルールがあるらしい。

卒業生の一人は思い出し笑いをする。

「そういえば、放課後にラーメンの出前をとったヤツがいたな。校内放送で『○○くん、ラーメンが届いています。いますぐ事務室へ来てください』と呼ばれた。そしたら、事務員さんにお金払っているときにむちゃくちゃ怒られたらしい。これは校則的にマズイという話ではなく、『今度出前とるときは事務室に届けさせないで、直接教室に届けるようにお願いしなさい』と説教されたそうです。『出前禁止』のルールは授業中に限った話なので、授業時間外なら平気なんですよね」

ただし、自由と自立は表裏一体の関係にある。自由を履き違え、その環境に甘えれば、人は堕落の一途をたどってしまうものだ。

卒業生からこんな話を聞いた。

「麻布に入って最初に覚えるのは『授業って別にさぼってもいいんだ。コンビニとかに行ってもいいんだ』ということ。そんな日々を毎日送っていると、塾になんか通えない体になってくる。だから、籍は置いているけど、塾に行っているフリしてゲーセン行ったり、ボウリング行ったりするヤツが多かった。そいつら、『塾代は親の安心代』とか放言していたなあ」

中学入試で子が麻布に進学して大満足であったはずの母親が、その自由過ぎる校風に嘆くなんてこともあるらしい。ある大学生の卒業生はこう言う。

「母親はいまでも麻布に入れたことを後悔しています。こんな子になる予定ではなかったと言われます。聞き分けの良い子に普通に育つと期待していたみたい。誰にも怒られず、ちゃんと現役で大学進学して、順調に就職してなんてね。でも、喧嘩もたくさんしたし、悪いことも覚えちゃいましたしね」

一方、麻布の「自由」が生徒たち各人の個を磨き上げることも多い。聞けば、文化祭実行委員や運動会実行委員、あるいは部活動といった世界だけでなく、多方面に渡り麻布生たちは興味を示す傾向にある。

「麻布には何かにとことん打ち込んでいるヤツが多かった。ぼくは漫画、音楽のオタクですね。だから、自由な校風の麻布は居心地がよかったです」

その話に同意していた友人の卒業生はこう続けた。

「いたって普通に見えるヤツなんですけど、いつの間にか、彼は科学オリンピックで優勝していたんです。『お前、(優勝したことを)言えよ』って思いましたね。本人は何も言わないし、それについて全然自慢しない。あと、一八禁のゲームを八〇〇本くらい制覇したヤツもいましたよ」

別の卒業生曰く、麻布生たちは「三種類」に分類できるらしい。

「部活に励んでいる人、勉強に打ち込んでいる人、文実や運実に取り組んでいる人。麻布生はこの三つのタイプにだいたい分類することができます。いま思い返すと、凄いヤツが多かったな。サッカー部でずっとレギュラーを張っていたのに、学年で一位か二位を取り続けていたヤツがいたり。あと、コロンビア大学に留学したヤツがいて、そいつはTOEFLのiBTっていうテストで東大生が平均六〇点くらいなのに一〇九点とか取ったり。麻布は基本的に遊び回っているヤツが多いんですけど、やるべきことは徹底的にやるヤツが多かったです」

卒業生の一人は「個を認める」独特の雰囲気が麻布にはあったと言う。

「麻布は互いにそれぞれの趣味などを認め合う雰囲気がありました。だから、自分が興じている趣味に対してもっともっと積極的に取り組んでいこうという気持ちになりました。たとえば、大学に入ったら、知らない音楽とかマイナーな音楽とかを聴いていると、『えー何それー知らない』ってもう突っ込んでこない人たちがほとんど。でも、麻布のヤツらは『何だその音楽？　俺知らねえぞ。オイ、聴かせろよ』って貪欲に知ろうとしてくる。何だか知識に飢えているような感じです。麻布って、俺はこの分野に関しては誰にも負けないぜっていうプライドを持っている人が多い。自分が打ち込んでいるものについてどれだけ博識かが一つのステータスになっているようなところがありました」

そんな雰囲気に馴染めない生徒もいるという。ある卒業生はこんなことを呟いた。

「麻布という学校であっても、何かに打ち込むことがない、いわゆる無趣味な人たちがいるんです。そういう人たちに対しては何だか麻布生たちって寛容でない雰囲気がありましたね。だからか、全体として『麻布にいるからには、自分の好きな物を何か作らなければいけない』っていうプレッシャーを感じていたように思います」

麻布の授業で本当の「勉強」を知る

さて、ことあるごとに「書かせる」のが麻布の教育の特徴ではあるが、普段はどんな雰囲気で授業がおこなわれているのだろうか。

平先生はこう説明してくれた。

「麻布の教員はもちろんのこと、周りの同級生たちとのやり取りもそうですが、授業は『刺激に満ちた空間』です。これが生徒たちに良い影響を与えるのではないでしょうか。授業は教科書に沿ってやるだけではありません。その範囲外のこと、とても難解な内容にまで踏み込みます。授業中、教員から『高いボール』を投げられたとしても、ちゃんとジャンプしてキャッチするやつが必ずいるんですよね。そういう生徒の興味関心をいかにインスパイアしていくか。これを第一に考えて、教員は授業を展開しています」

別の卒業生によると、麻布の授業では教員たちから「挑発」されることがたびたびあったとか。

「麻布の授業で得たのは『自学自考』の姿勢です。小学生のときまでは勉強は教えられるものだったのです。でも、麻布はそうではない。勉強とは自分から学びに行く、すごい先生からはこっちからいろんなものを引き出していくものである。引き出しただけではなく、何でその先生がそう考えるに至ったのか、その思考過程を学ぶことこそ大切なんだということを授業で知りました」

その話に頷いていたまた別の卒業生は、麻布の教員から「オレの言うことを容易く信じるな、疑ってかかれ」と常に突きつけられるような授業だったと語る。

「彼は『自学自考』と言いましたが、ぼくは麻布の授業で『転換力』を身に付けたような気がします。これは発想を転換する力という意味ですね。教員から何か言われたときに、それを鵜呑みにするのではない。常識というものに決してとらわれず、ちゃんと自分の意見として切り返せる。そんな価値観が育まれたような気がします」

この点を平先生に振ると、次のような回答が得られた。

「高三になると、さすがにウチの教員たちも演習問題を多く用意して、大学入試に直結するような授業をおこないます。が、高二までは生徒たちに刺激を与える。知識を単に注入するのではなく、生徒が自ら勉強するような働きかけをするようにしています。それで刺激を受けた子はたとえ周りが止めようと勝手に勉強するようになるのです」

麻布らしさが凝縮した「教養総合」

そんな麻布の授業の中で、「麻布らしさ」が凝縮しているのが「教養総合」の時間である。

二〇〇四年度から始まった「教養総合」は、高校一年生と二年生を対象に土曜日の三限・四限の時間を利用した一一〇分の授業である（最初三年間は「特別授業」という名で実施されていた）。生徒たちにはガイドブックが事前に配布され、その授業群（約六〇講座）から生徒各自が自分の関心に合った講座を選択するというもの。選択した講座は出席が義務付けられ、履修規定にもとづいて単位が認定される。

この「教養総合」は、当時の文科省が推し進めたいわゆる「ゆとり教育」の中、学校側に総合的な学習の時間を設けてほしいという通達があったことがきっかけで企画されたものだという。

手元に『二〇一〇年度　教養総合ガイドブック』という冊子がある。その冒頭に、この

「教養総合」の意図が説明されている。一部抜粋してみたい。

「『教養』とは、自然や社会あるいは文化といった私たちの世界へのより深い関心とより広い視野、そしてそれを支える知識をさします。簡単には手に入れることはできませんが、勉学をとおして身につけるべきものです。そのために、まずなにより各教科が設置している系統的な積み重ねの学習があります。この『教養総合』とは、その基礎のうえに置かれています。各教科の授業と『教養総合』とは、相互に補い合う関係にあります」

各講座の分野は「リレー」「語学」「人文学」「科学」「芸術」「スポーツ」に分かれている。なお、「リレー講座」というのは、麻布卒業生などを中心に学外から講師を招聘し、一つのテーマを複数の講師陣がリレー式に繫いで講義をおこなうというものだ。二〇一〇年度のリレー講座は「司法と人権」「在日・滞日外国人と日本社会」「実験社会心理学」など、六講座が設けられている。

平先生は言う。

「『リレー講座』は生徒たちにとってはかなり刺激になっているのではないでしょうか。たとえば、『アフリカ学』『現代医療を考える』『生命倫理について』とか、あるいは『司法を考える』では、弁護士だけでなく冤罪事件に遭った当事者を呼んだりしています」

このリレー講座は大人数を対象に開催されているが、その他の講座は少人数でじっくり取り組んでいくと平先生は説明する。

「リレー講座は大教室で多くの生徒が受講できるのですが、そうでない講座は五人とか一〇人とかゼミ形式でおこなっています。これらは定員を設けていて、希望者が多い講座にもれてしまい第二希望にまわる子が中にはいます。そうなった子は次の学期で当初の第一希望の講座が受けられるよう調整しています」

この教養総合で当時の麻布の校長であった氷上信廣先生が担当する『一緒にものを考える』を受講した卒業生は「濃い」時間を過ごしたという。

「毎週土曜日、先生を中心にテーブルを囲んで集まるんです。毎回テーマが決められて、事前にいろいろ調べてきたものを基に討論をします。最後の回のテーマは『死とは何か?』。ほかには『国際化とは何か?』『青年という時期とは何か?』とか、一回一回が興味深かったですよ」

芸術分野である「シルクスクリーン」を選択した卒業生は、そのときに作製したTシャツとバッグを身につけて取材に応じてくれた。

「ぼくは『教養総合』でシルクスクリーンをとりました。ただただ、先生の趣味で授業を展開しています。『教養総合』の雰囲気って大学の授業ですよ。ぼくは大学三年生になったいまもちょくちょく麻布に立ち寄っては作らせてもらっています」

『考える葦』社会科基礎課程修了論文

高三の大学受験を迎えるまでの時期は、教員が生徒たちに多くの刺激を与え、学ぶことの奥深さ、面白さを伝え、能動的な学習姿勢を引き出していくことに注力している麻布。その集大成的な位置づけとなっているのが、高校一年生の社会科授業で課される「社会科基礎課程修了論文」である。

この修了論文の優秀作品を採録している論文集『考える葦』に目を通すと、その完成度の高さに驚かされる。

平先生は誇らしそうに語る。

「修論（修了論文）の中には大学院生が書いたのではないかと思わされる出来のものが多い。各人、参考文献を明示しつつ深く調べています。そういう点では麻布の中の三年間で表現する力は相当鍛えられているのではないでしょうか」

『考える葦（二〇一〇年度）』の第一部には生徒全員の論文テーマ一覧が掲載されている。

たとえば、「南北戦争から見る黒人差別の歴史と戦いについて」「神曲論　神曲の魅力」「法の目的から考える死刑制度の是非」「ハンセン病に対する差別意識と家族の苦しみ」「日本の雇用格差問題」「ルネサンスを中心とした西洋美術とギリシア神話」「般若心経の世界」……。研究者の論文タイトルと見紛うものがずらりと並んでいる。加えて、生徒たちの日常的な趣味嗜好があらわれている論文も多い。「清志郎と『ザ・タイマーズ』」「阪神ファンと阪神球団がもたらす経済効果について」「東京ディズニーリゾートにおける経営戦略と心理的アプローチの考察」「ゲーム理論の価値と利用法」などなど。

どれも目次から始まり、序章（序論）、各章、終章（結論）と構成され、理路整然とした高いレベルの文章だ。平先生の言う通り、そこらの大学院生では太刀打ちできないのではないかという完成度を誇っている作品もある。さらに、参考文献をチェックすると、一般書店には陳列されていなそうな専門書をしっかり読み込んだ上で執筆作業に取り組んでいる生徒が多いことが分かる。

卒業生は社会科基礎課程修了論文をこう振り返る。

「麻布は生徒たちに書かせることで『学ぶことの大切さ』を自覚させたいんじゃないですか。試行錯誤しながら作品を仕上げていく……その中で失敗もあるかもしれないけれど、そこで学ぶことがある。修論のテーマは自由に決められますが、だからこそ、その作品内容には責任が発生する。これって麻布の『自由には責任が伴うことについて身をもって体験しなさい』という教育の一環だったのだと思います」

麻布生の塾通いの実態は？

高校三年生から本格的な受験指導に入るという麻布。他の進学校と比べると「ゆったりしている」ように思えるが、麻布生たちは塾・予備校にはあまり通っていないのだろうか。

卒業生はこう証言する。

「中一の最初から塾に行っているヤツに対してぼくは小バカにしていました。でも、麻布では中一から塾通いしているヤツなんてそもそも一割もいないんじゃないかな」

別の卒業生は、中学生のころから塾に通っている同級生を何人か見てきたという。

「とりあえず塾には通っているけれどっていうレベルのヤツは何人かいました。だけど、本気で勉強に打ち込んでいるヤツなんて数人レベルじゃないですか」

実際、平先生は入試を乗り越えてきたばかりの生徒に対して次のようなスタンスで臨んでいる。

「ぼくは麻布中学校に入学してきたばかりの子にはあまり勉強のことは言いません。口にするのは『早寝、早起き、朝ごはん』……そして、『あいさつ』『家の手伝い』をちゃんとやれということ。麻布に入るまでゲームなりスポーツなりを我慢して塾で勉強に邁進して、入ったとたんに塾に行かせるなどしたら、子が潰れてしまうと思います」

確かに、麻布の卒業生たちに取材をしていると中学受験時代のつらい思い出話をよく耳にした。卒業生の一人は苦笑する。

「母親はすごいヒステリックで、中学受験のときはとにかく厳しかった。そういえば、成績が悪かったときに時計をぶん投げられました。あと、塾に母親が車で迎えに来るのですが、答えを丸写しにしていたことが露見したとき、運転席の母親が『あなたがそんなんなら、いまからこの車をあの木に思い切りぶつけにいく』とか言われたんです。『死んじゃうかも』ってすごく怖かったことを覚えています」

麻布という難関校の合格切符を得るまでに、このような壮絶な経験をした人もいる。そんな子に、中学入学直後から塾通いを強制するのは酷というものだろう。

さらに、平先生は早期からの塾通いにはデメリットがあると警鐘を鳴らす。

「学校の勉強をちゃんとやるには基本的な生活習慣を確立しないとダメです。体力もつきません。ぼくは中学校低学年の間は塾には行かせないでくださいと言っています。学校の勉強は大変ですし、クラブもある。その上通学時間がかかる子が多い。そこに塾の勉強が加わると、生活習慣が乱れてしまい、かえって学校の勉強が手につかなくなってしまう、なんてことがあります」

それでも、さすがに高校生ともなると、塾や予備校に通う生徒が一気に増えるという。

ある卒業生は当時を思い出す。

「高一になると塾に通うヤツが一気に増える。全体で六〜七割くらいかなあ。で、高二・高三で九割程度。残り一割は一人で勉強したほうがいいってヤツ。ぼくの友人にそういうヤツがいて、『親に金払ってもらって塾に通わせられているような人間にはなりたくない』とか言っていました。『塾通いしているヤツをバカにするためにも、俺は塾には絶対に行かずに大学受験するからな』と宣言したんです。じゃあ、そいつが成績優秀かというと真逆。校内で実施する実力テストの成績なんて、高二の終わりで三〇〇人中二八〇番。ただ、そいつは文芸部の部長だけあって、書くのは得意。頭は良い。結果、高三の一年間たった一人で猛勉強して東大に現役合格しました」

ここで改めて二〇一九年度の麻布の大学合格実績を現浪別に確認してみよう。

まずは、国立の主要大学。東京大学は合格者一〇〇名のうち現役生は七〇名、京都大学は一三名のうち現役は五名、一橋大学は一三名中現役一〇名だ。

続いて、私立の主要大学ではどうだろう。早稲田大学は合格者一四二名のうち現役生は七四名、慶應義塾大学は一〇九名のうち現役生は六〇名だった。

現役生の割合が少々低めに感じられる人がいるかもしれない。それでも、年配の卒業生に聞くと、最近の麻布の現役合格率は信じられないくらいに上がっているとか。一昔前の麻布生は自嘲気味に「麻布は七年制の学校だから」と口にしていたらしい。

ある教育実習生の憂鬱

平先生は若い先生たちのことを「大学入試に対して真面目」と語る。では、麻布の教員たちの雰囲気は徐々に変わりつつあるのだろうか。

大学の教育学部に在籍している卒業生は、麻布に教育実習生として行ったときに、ショックを受けたという。

「教育実習に行ってびっくりしたのは、若い先生が増えていたことです。そんな先生同士の話に耳を傾けていると、『あのテストの内容がどうこう』とか『あいつの点数が悪くてどうこう』とか言っているんです。在学中に先生たちがそんな話をしているのを聞いたことがない。『ここは麻布なのになんでそんな話をしているんだ』って」

そんな話をしていた彼は、様々なことを思い出したのかヒートアップしてきた。

「相対的な話ではありますが、ぼくが麻布にいたころにぼくらのことを取り締まろうとしていた保守的な先生方が、教育実習のときには生徒の自治を守ろうとする側に立っている。これにはびっくりしました。極めつけは若い先生が、『成績の悪いあいつが部長やっているのはどうなんだ』とか『成績が悪いのに文実やっているってどういうこと』とか口走っていたんです。そんなの切り離して考えるのが麻布の先生でしょ？　何だかいまの麻布はおかしいことになっているんじゃないかと思いました」

平先生にこのことをストレートに伝えたら、こんなことばが返ってきた。

「いまの若い先生方は概してとても優秀なのですが、固すぎるような気がします。だから、生徒にも『文実やるならちゃんと勉強もするように』というようなことを言うのでしょう。勉強が苦手だからこそ、委員会で発散している子もいると思うのですけどね。もちろん、委員会の活動ばかりにかまけてしまって、生活習慣がグタグタになって勉強が手に付かないなんてことがあれば、委員会の活動はやめなさいなんて指摘する場合はありますけど」

そして、平先生はいまとは全く異なるカラーだった昔の麻布について言及した。

「実は、紛争が起こる前の麻布は、たとえばテストの得点が平均点より一点以上高くないとクラス委員になれませんでした。つまり、『それはおかしいのではないか』『成績ばかりを尺度にして生徒を見るのは違うのではないか』、こんな思いが発端になって学園紛争が起こって、いまの麻布があるわけです。そう考えると、その教育実習生が感じた反発というものは正当なものだと思います」

平先生曰く、この七〜八年で団塊世代の教員の退職に伴い、新たに三〇名くらいの若い教員が入ってきて、ぐんと教職員の平均年齢が若くなったという。

そもそも、退職した団塊世代の教員が麻布に赴任したタイミングは、学園紛争によって生徒たちが自由を獲得したときだという。そして、現在の麻布のシステムを構築したのは、その世代の教員の功績が大きいらしい。

平先生はいまの若い世代の教員に対して、こんなメッセージを送る。

「団塊の世代の教員が辞めたあとに入ってきた若い先生方は、『なんでいまだにこういう制度があるのか』『なぜ委員会があるのか』、その意味がよく分からないままにやらされているように見えます。ちょっとそれらが重荷である。そんなふうに不満を抱えている方もいるんじゃないですか。でも、麻布は生徒だけではなく、先生たちも自由にやれる学校です。自分たちで考えたことはどんどん実行してほしいという思いを持っています」

麻布生の質は変わってきたのか？

ある卒業生は溜息をつく。

「ぼくはいまの麻布が変わってきたように思えてならない。生徒たちの質が変わったのか、だからこそ、教員の質も変わったのか。あるいはその逆かもしれない。けれど、ぼくの中では両者の変質が同時多発的に麻布内で起こっているような気がしているんです。何年か前、『鍋にゲロを入れた』ことで文化祭が中止に追い込まれました。でも、あんなの隠すこともできたはずだし、そもそも本当にそれを嫌だと思う人がいない状況で麻布生たちは面白おかしくやっていたんです。形だけ先輩たちの真似をして、中身が伴っていないような麻布生が増えてきたんでしょうか」

二〇一九年の麻布の文化祭は延期になった。文化祭の準備をしていた生徒が地下ボイラー室で花火遊びをし、ぼや騒ぎを起こしたのがその理由だ。

果たして、生徒たちの質は変わってきたのだろうか。平先生は基本的に変わらないと明言した。

「わたしが麻布に在学していたときの同級生たちですか？　明るいバカが多かったですね。みんな学校が好きでしたよ。そういう意味ではいまの生徒たちも同じです」

平先生はただし、と付言する。最近の生徒たちに欠けているものがあるという。

「麻布生たちは学校が好きだし、行事を良いものにしたいという思いは昔もいまも変わらない。ですが、最近の子どもたちは明らかに事務能力が低くなっているのが気になります。やるべきことをしっかりやっていれば、別に教師が介入する必要はないのだけれど、やることなすこと『穴だらけ』なので、教師側から声をかけて『もっと早く動かないと職員会議で検討できないじゃないか』なんて、こっち側が追い立てるようになってしまっている。昔は委員長たちが教員対策を一手に担って『自分たちはちゃんとやっているので、先生方は安心してください』なんてまとめていたんですが。最近は自分たちの準備がきちんとできていないから教員の介入を許してしまっている部分がある。これは大変残念なことです」

つまり、他者に依存するタイプの生徒が目立つようになってきたということだろうか。能動的にいろいろなことに挑戦できるのが麻布の良さであると思うのだが。

こうしたマイナス傾向が見られるのは何も中学校三年生、高校一年生といった俗に言われる「中だるみ」の時期とは限らない。平先生によると、入学直後から不登校になってしまう子もいるらしい。

「最近は不登校生が学年で一～二名程度います。以前は、勉強がついていけないという理由で高校に上がったころに学校に来られなくなってしまったという子がいたのですが、いまは違います。中学に入学した直後から学校に通えなくなってしまう子がいます。合格するのが目標になってしまうと、中学入試で燃え尽きてしまい、いざ入学すると次の目標が見出せないのでしょう」

これは生徒本人というより、むしろ外的環境、端的に言えば、保護者に問題がありそうだ。

平先生は麻布の保護者の変化を口にした。

「生徒の本質は変わらないと思うのですが、保護者が大きく変わったというのがわたしの印象です。母親だけでなく、父親もそう。教育に対する関心がとても高い。ちょっと前だと両親が学校に足を運ぶ機会なんてほとんどなかった。いまは『地域の会』とか『オヤジの会』とか、この間の父親の会なんて一七〇人くらいきたのです。全校生の一〇分の一に相当します。昔では考えられません。以前は『学校に通ったら、あとどうなるのかはお前

（子）の責任だ』なんて親が多かったんですがね。少子化の影響があるのかもしれないですし、小さなころから子の教育にお金をかけた分、しばらくは寄り添って見ていたいという気持ちがあるのかもしれない」

平先生は保護者の子への過干渉を危惧している。

「麻布は他校と比べるとあまり学校から保護者にあれやこれやと発信することはない。だからなのか『最近成績が落ちているのではないか』などと心配される保護者が多い。でも、こちら側からすると『学校から連絡がいかない限りは順調に育っていますよ』ということなのです。また、保護者同士がＳＮＳなどで情報交換をする中で、不安をさらに煽られてしまうようなことがあるのかもしれません。そんな親は子に過干渉になってしまう。その結果として子が潰されてしまった現場を見たこともあります。保護者の方はもうちょっと子を突き放してもよいのではないかと思います」

「麻布」というプライド

二〇一七年度の麻布の国語入試問題の題材となった文章は実に興味深かった。

吉野万理子『ロバのサイン会』から抜粋した文章であり、主人公は何とシカだ。ざっくりとではあるが、次のような内容の文章だった。

森の中に棲む野生の「サンカク」「マル」という二頭のシカがいた。厳しい自然環境の中で生きてきた「サンカク」と「マル」。人間からは「害獣」として追い立てられる日々……。

そんなある日、シカと人間が共存し、安定的に食べ物が得られるという「ナラコウエン」の存在を知り、そこに行き着くことになる。

そこで「サンカク」が見たのは、シカが人間の支配下に置かれ、さらに人間に媚びを売りながら暮らしている光景だった。

飢える心配のない平穏な環境に魅かれる「マル」。一方、そんな不自然な環境に対してどこか違和感を抱いてしまう「サンカク」。

その「サンカク」にとって衝撃的だったのは、ある時期がくると、シカが人間によって「角」を切られてしまうということ。これはシカが人間に迷惑をかけず、安定した生活を続けていくためには仕方のないことだという。

オスのシカとしてのプライドの象徴である「角」。

「サンカク」は葛藤に苛まれる。

そしてついに、「サンカク」はナラコウエン、そして、「マル」と訣別し、森へと帰ることを決意したのだった。

そして、麻布の国語入試問題の最後の設問は次のような問いかけであった。

問十三　――線⑮「おれは今日から、害獣に帰るんだ」とありますが、「おれ」が「害獣」に帰る決意をしたのはなぜですか。本文全体をふまえて説明しなさい。

麻布の教員はどのような思いを込めて、この文章を出題したのだろう。

そこには、子どもたちに自らが大切にする「角」を備えていてほしいという願いがあるのではないか。「角」は「個」と言い換えることができる。すなわち、周囲に対して安易に付和雷同することをよしとせず、自らの個を貫いていくような人間に育ってほしいと考えているのではないか。

平先生は、麻布は長い目で「教育」というものを考える学校だと言う。

「よく言うことがあるのですが、教育はカルチャーで、農業はアグリカルチャー。要するに教育とは農業をやっているようなものです。ぼくらは農家、ファーマーですね。生徒たちを育てていく。実がなるタイミングは別にどこかの大学に合格したときということでなく、三〇年、四〇年経って、卒業生たちが『あのとき麻布で教育を受けて良かったな』と思えればよいのです」

麻布はどんな子を育てていきたいのかという問いに対して、平先生は「iPS細胞のような人間」と切り出した。

「将来何にでもなれる万能細胞、そういうフレキシビリティーのある個の確立した人間を世に送り出したいと思っています」

そのためには、大人たちは子の成熟を我慢強く待つ必要があるという。これは男子校だからこそのスタンスだと平先生は言う。

「男性と女性では成長の度合いが異なります。たとえば、中学生だと男性よりも女性のほうが精神的にも肉体的にも成長が早い。男女は平等だけど同質ではない。たとえば、女の子は真面目でコツコツ勉強する子が多いのに対して、男は基本的にガキなので、自分の興味関心がないものには見向きもしない。そのくせ、いったん何かにはまると一気に伸びていく。連続的に成長する女の子に対して、男の子は不連続的に伸びていくような気がしているのです」

平先生は順風満帆には決していかない学校生活だからこそ意味があると言う。

「麻布の子どもたちの多くは元気に学校に来ていますが、『七つくらい嫌なことがあるけれど八つくらい良いことがあるから来ているんだ』ってね。氷山の半分以上は水面下にありますからね。仲間内の人間関係やクラブ活動、ときには教師と衝突することもあるかもしれない。ドロドロしたこと、傷つくことがあるかもしれないけれど、楽しいという裏側にある負の側面も含めて人間の成長に必要なことだと思います」

そして、平先生は昨今の世に蔓延する「新たな教育手法」への牽制も忘れない。

「『グローバル教育』とか『キャリア教育』とか『ICT教育』とか、こういうのを耳にすると、教育がなんだか経済の奴隷になっているように思えちゃいます。『グローバルな世界で活躍する人材』とか掲げてね。ITを使ったいろんなスキルを身に付けるとか、職業に直結するような教育とか、大人の経済の道具に教育が成り下がってはいけないでしょう。教育とは『個の確立』を目指すべきだし、基本的な知識と独り立ちできる自信の獲得が目的です。会社に入ったら嫌でも身につけなければならないスキルなど、中高教育の中に組み込む必要はないと思います。『工業生産品』を作っているような感じで教育をとらえてはいけない。ロボットを造るわけではなく個性豊かな生徒一人ひとりに向き合っているのですから」

「青年即未来」。麻布から個を尊重され、温かな目で見守られながらゆっくりと成長を遂げていった卒業生たちは、社会のいたるところで今日もその個性を存分に発揮している。

江原素六の遺したことばを再掲して最後を締め括りたい。

「人を待遇するには、人の自由と権利を尊重しなければならないと同時に、自らも独立自尊の徳に満ちておらねばならぬ」

これこそ、麻布の教育姿勢が端的に示されたことばだ。

第2章

開成

運動会で結束を強めるエリートたち

三八年連続「東京大学合格者数ナンバーワン」

開成といえば何といっても東京大学合格者数ナンバーワンを誇ることで全国的に名を馳せ、進学校の頂点に燦然と輝く学校だ。この栄誉は近年だけのことではなく、一九八二年(昭和五七年)以来、実に三八年に渡ってナンバーワンの座に君臨するというのだから凄い。二〇一九年度の東大合格者数は一八六名(過年度生を含む)。その内訳は、文科一類二九名、文科二類二四名、文科三類一九名、理科一類七九名、理科二類二五名、理科三類一〇名である。第二位の筑波大学駒場の東京大学合格者数が一二〇名(過年度生を含む)であることを考えると、数値上では開成が圧巻の結果を残していることが分かる。

二〇二一年に創立一五〇周年を迎える開成。

日本を代表する進学校ゆえ、数多くの著名人を輩出している。

政界では、第八二代・八三代内閣総理大臣を務めた橋本龍太郎氏の父であり、文相と厚生相を歴任した橋本龍伍氏、第二次・第三次安倍内閣の外相を務めた岸田文雄氏。ただ、麻布や武蔵と比べると政治家は少ないように感じる。

一方、官界では大勢の卒業生が活躍する。元財務事務次官で日本たばこ産業会長を務める丹呉泰健氏。同氏は現在、開成の理事長・学園長を務めている。そして、国家安全保障局長、内閣特別顧問である北村滋氏、国税庁長官を務めた藤井健志氏など。岸宣仁『出世の法則』（文藝春秋）によると官界最高峰とされる財務官僚のうち事務次官の椅子を射止めた開成出身者は三名（武藤敏郎氏、丹呉泰健氏、香川俊介氏）もいるという。また、旧大蔵省、財務省を通じて開成出身者は七〇名をこえるとか。開成の卒業生が入省すると、大掛かりな歓迎会が催されるらしい。

財界ではマネックス証券会長の松本大氏、埼玉りそな銀行の頭取・会長を歴任した利根忠博氏など。

学界や医学界にも数えきれない卒業生たちが活躍している。近年ではメディアアーティストとして脚光を浴びている落合陽一氏も同校の卒業生だ。

文学界に目を向けると、古くは柳田國男氏（中退）、斎藤茂吉氏、吉村昭氏など。直木賞作家の逢坂剛氏、芥川賞作家の松浦寿輝氏も卒業生だ。

芸能界では演出家の蜷川幸雄氏、映画監督の奥秀太郎氏などの名が挙がる。

開成の学び舎で過ごした卒業生たちの多くに一脈通じる特徴は何かあるのだろうか。多少の偏見があるだろうが、上下関係をきっちりと構築することに長けている秀才が多いように感じる。たとえば、官界でこれだけ多くの卒業生が活躍しているのは、その証ではないか。

わたしは一人の卒業生に取材したときに聞かされた、彼の小学生時代の思い出が心に残っている。それを紹介しよう。

それまでの「優秀さ」が無効になる瞬間

小学六年生のその少年はテレビ画面に連日釘付けになっていた。

時は一九八〇年代後半。

テレビで報道されていたのは、第二次世界大戦後において日本最大の贈収賄事件といわれた「リクルート事件」である。毎日のように大物の政治家や官僚、財界人のきな臭い話題が視聴者に提供されていた。

そのリクルート事件の話題もピークを過ぎたころ、今度は世界を揺るがすニュースが飛び込んできた。

東欧革命を象徴する「ベルリンの壁崩壊」である。壁をよじ登る人々の姿、ハンマーで壁を壊そうとする人々、そして、壁の向こう側で抱き合う人々……。

少年はそれらの報道を目にするたびに、一緒にテレビを見ていた父親に質問する。父はそんな少年に目を細めながら、いま起きていることを丁寧に解説してくれた。

そんな父の話を食い入るように聞きながら、少年の心に芽生え始めたのは政治への関心だった。

彼は振り返る。

「リクルート事件のような腐敗はなぜなくならないのだろうとか、これからの世界の政治情勢はどうなっていくのだろうとか……漠然とではありますが、政治に興味が湧いたのです。リクルート事件のときは将来検事を目指すのもいいかなとも考えましたが、いや、そもそもの仕組みを抜本的に改革しなければならないのだから、やはりそれを行うには政治分野だろう、なんて考えていましたね」

そして、彼はこう付け加えた。

「ただ、どう考えてもわたしは政治家になるようなタイプではない。それなら、政治に影響を及ぼせる仕事ということで、将来は官僚になりたいと思い始めたのです」

彼はその後地元の公立中学校に進学したが、そのとき既に自身の進路を具体的に思い描いていた。

「官僚の夢、政治分野の仕事に携わる夢、それを叶えるには東大の法学部に行くのが近道だろうと思ったのです。そして、高校受験で志望校を決める際には、どこの学校が東大に一番近いのかを逆算的に考えたときに、それは開成だろうと思ったわけです」

そして、彼は高校受験で開成に合格、進学を果たす。

晴れて開成の制服を着て、学校に通い始めてすぐに、彼は同級生たちの「頭の良さ」に衝撃を受けたという。

「『頭がいい』って多面的にありますが、たとえば、知識・関心の幅広さであったり、問題意識の早熟さであったり、あるいは、自分が全然気づかなかった視点でどんどんものを見るような人がいたり。それこそ、隣の席に座っている日頃話したこともない、何を考えているか分からないようなヤッとたまたま何かのきっかけがあって話してみると、どんどんアイデアや面白い話が湧き出てくる。開成の同級生たちは目を見張るような人たちがたくさんいました」

先述のエピソードでも推し量れるように、彼自身かなり早熟であり、かつ、知的好奇心旺盛な性格である。その彼が舌を巻く同級生たちとは具体的にどういう人たちだったのだろうか。彼は懐かしそうに一つのエピソードを紹介してくれた。

「現代社会の先生が、『完全な円って果たして描けるのだろうか?』という問いを投げかけてきたのです。わたしは『なるほどな、完全な円なんてそもそも存在しないのかもしれない』なんて思っていたところ、同じ部活動に属していた同級生がぼそっと『完全な円は描ける』と呟いたんですよね。『$x^2+y^2=r^2$だ』と。最初こいつは何を言っているんだって思ったのですが、そいつは『視覚化できるかどうかは別問題として、概念として提示できれば完全な円という定義は可能だ』という趣旨のことを話したんですね。ええ!? そんなことを考えているの？　って唖然とさせられました」

彼は開成を卒業した後、東京大学の法学部に進学。当初の目標を達成したのである。しかし、官僚の道には進まず、同大学大学院の修士課程・博士課程を経て、現在は都内の名門私立大学法学部の准教授として活躍している。

開成に合格する子は、小中学校で一番の成績を収める「優秀生」であるのは間違いがない。そして、開成にはその「一番」だった子どもたちばかりが集まってくるのである。だからこそ、開成で「大海」を知る経験を積むのはある意味必然といえるのだろう。

中学から開成に入学した国立大学の医学部に通う卒業生はこんなことを口にした。

「開成に入ったみんなが感じることだと思うのですが、それまで自分の武器となっていた『勉強面での優秀さ』というものが完全に無効になってしまうっていう感覚がありました。

つまり、開成に来てはじめて勉強以外の自分の価値というのを考えさせられたのです。この六年で自分ならではの価値というのを磨いていかなければいけないというのを早期に自覚させられるんです。周りをみると、勉強以外のもの、たとえば、スポーツとかを突き詰めようとしているヤツの姿をみて、ぼくも他人にこれが特技だと胸を張れるものがほしいなと思いました」

東京大学四年生の卒業生も同じようなことを話す。

「オタクが多かったですね。といっても、内に籠るようなタイプではないです。たとえば、スポーツや音楽などそれぞれの分野にとことん精通しているような何か一つ突出しているヤツがたくさんいました。いわゆる『勉強オタク』のような人は皆無でした。勉強ができるのは当たり前ですから」

そうなのだ。開成では「勉強ができる」、「東大に合格できる学力を備えること」は学内のヒエラルキーにおけるアドバンテージには一切ならない。

千葉大学の医学部に在籍する卒業生は、学校側には生徒たちの「個」を認める風潮があるという。

「学校側が生徒たちの個性を決して否定しないところは開成の素晴らしいところです。入学したときに思ったのは、『なんだかこの学校には変なヤツがいっぱいいるな』ということ。グループの中での付き合いで最低限のルールはあるものの、それぞれが突出した何かを持っている。それこそ、ひたすら哲学を語っているような人とかでも周囲から排斥されるどころか、同じようなタイプのヤツとつるんで盛り上がっていますからね」

ただ、と彼はその風通しの良さのなかにある短所を口にした。

「いまの話を裏返せば、変なヤツは何も矯正されないまま学校生活を送ります。結果的に人格が破綻したように見える人も正直いますよ。人とコミュニケーションできないヤツとかいますからね。普通、会話していたら互いのことを尊重しつつやり取りをするじゃないですか。でも、自分の世界の話しかしないヤツが結構いるのです。会話のキャッチボールどころか、一方的にマシンガンを撃たれているような感じ。開成は他校と比較するとそういう人たちが明らかに多いように感じています」

東大ナンバーワンの学校は下町にある

「西日暮里駅」には複数の路線が乗り入れている。JR山手線・京浜東北線、地下鉄の東京メトロ千代田線、そして、東京都交通局の運営する日暮里・舎人ライナーである。

二〇二〇年にJR山手線・京浜東北線「高輪ゲートウェイ駅」が暫定開業するが、実はこれまで山手線で一番新しい駅はこの「西日暮里駅」だった。一九六九年（昭和四四年）に営団地下鉄「西日暮里駅」が開業し、その乗り換え駅を国鉄が一九七一年（昭和四六年）に開業したのだ。なお、山手線では昭和時代に開業した唯一の駅でもある。

このJR西日暮里駅のホームの上から西側を見渡すと、前方の道路の両側が崖になっていることが分かる。これは道灌山《どうかんやま》の一部である。

室町時代の武将、太田道灌の出城があったことからこの名がつけられた。江戸城を築いたことでも知られる太田道灌は、武芸にも学問にも秀でていた人物だったらしい。

この道灌山の一角に開成がある。駅のホームからも「ペンと剣」の校章を掲げた校舎を拝むことができる。

西日暮里駅界隈はなんとも不思議な雰囲気の漂うところだ。東口を出るとすぐ、昔ながらの居酒屋が軒を連ねているのが目につく。近年はチェーンの飲食店も続々と進出していて、全体的に雑然とした感じを受ける。南側に少し歩いていくと、空気ががらりと変化する。老舗の問屋、そして、多くの寺社が点在する谷中界隈に出る。江戸の風情をいまもなお色濃く残しているエリアである。

四〇年近くに渡り東京大学合格者数ナンバーワンの座に輝き、全国的にその名を轟かせている開成は、下町情緒あふれるこの地に学び舎を構えているのである。

序章でも触れたが、今回の取材では一九七八年（昭和五三年）から二〇一〇年まで実に三二年に渡り開成で教鞭を執り、「伝説の漢文教師」と称された橋本弘正先生が協力してくださった。なお、橋本先生ご自身も開成の出身である（取材当時は愛知県の海陽学園と東京都の明法の特任講師を務めていた）。

卒業生の一人が橋本先生の授業を懐かしそうに振り返る。

「中三のときに橋本先生の漢文の授業を受けました。千曲川旅情の歌とかを通して漢文の七言律詩とか五言絶句とかを覚えさせられるのです。あと、受験では絶対に出ないだろうというようなさまざまな背景知識、豆知識とかを語ってくれました。この作者ってこういう人間だったとか、とにかく面白い授業でした」

橋本先生はこの地が開成の生徒たちの気質に影響を与えていると語る。

「真っ直ぐで素直な子たちが多いですね。そもそも格好をつけるような土地柄ではない。まあ昔はいまよりちょっと荒っぽい気質の子が多かったように思いますが」

橋本先生が開成に在学していたころは、実にいろいろな家庭の子息が集っていたという。

「地元の子どもたちは比較的裕福な家庭ではあるものの、親御さんの職種は幅広かったです。自営業の方も多くいますしね。魚屋や八百屋の息子も通っていました。浅草の老舗旅館の息子も通っていたなあ」

そんな思い出話をしたあと、橋本先生はこう言い継いだ。

「でも、近年は親が医者だったり、一流企業勤めであったり、似たような家庭環境で育った子が増えている気がしますね」

それでも、卒業生たちに話を聞くと、さまざまなカラーの生徒たちがいたという。

三〇代の卒業生は同級生の顔ぶれを思い出しながらこう話した。

「西日暮里駅は京浜東北線、お隣の日暮里駅は常磐線や京成線が乗り入れますから、開成の同級生のうち半数くらいは東京都以外、たとえば埼玉県や千葉県から通学していました。同級生の中にはもちろん富裕層の家庭に育った人もいるのでしょうが、話をする限り『ウチは金持ちです』的な雰囲気を醸しているような人などいませんでした。素朴な感じのヤツばかりですよ」

私服の麻布、武蔵とはちがい、開成は黒色の詰襟学生服である。そして、「ペンと剣をクロスしたマーク（校章）」が入った黒ボタンが開成生としての証である。

わたしは開成の登下校の様子を観察したが、この制服を着用し、歩いている生徒たちの大半は実直そうな雰囲気が漂っているのだ。

開成の校祖・佐野鼎

JR御茶ノ水駅の南東約二〇〇メートルのところに、「WATERRAS（ワテラス）」という大きな複合ビルがある。「和」「輪」「環」の三つのWAをコンセプトにデザインされた施設は、オフィス、レジデンス、学生マンション、商業施設、コミュニティ施設などで構成されている。この敷地の西側に一基の石碑が佇んでいる。

ペンと剣が交差したマークが石碑の上部に描かれ、その下に「開成學園發祥の地」の文字が刻まれている。

開成の前身となる「共立学校《きょうりゅう》」は一八七一年（明治四年）に幕末の進歩的な知識人であった佐野鼎《かなえ》によって創立された。

佐野は駿河国出身である。旗本に仕えていた父親に連れられて江戸に上った。その後、全国の大名家から送り込まれた秀才が集う下曾根金三郎の塾に入門したのは彼が一六歳のとき。オランダ語、数学、地理、暦学、測量、天文学、兵法など幅広い分野を学んだ。成績が優秀だった佐野は一九歳で塾頭となる。洋学を修めた佐野は長崎海軍伝習所で砲学、航海術を学ぶ。

一八五六年（安政三年）には加賀藩から招聘され、洋学を教授していた。佐野はこの間に遣米使節として勝海舟、福沢諭吉、中浜万次郎等とともにワシントンに渡った。

この海外視察の際、佐野は世界の科学の進歩やその礎となっている教育制度などを目の当たりにした。それで、佐野は日本には欧米に比肩する学校を創る必要性があることを痛感したのだ。

彼は数ある学問の中でも特に「英学」を重視しなければならないと考えた。当時、七つの海を制する態勢を整えた英国の世界に及ぼす影響は多大なものだった。「英学」とは単なる英語学を指し示すのではなく、科学・兵学・法学・経済学といった分野の新知識を総称することばでもあった。

そして、佐野は加賀藩の蔵元などの支援を得て、神田昌平橋付近の政府所有地約一万坪を買い取り、ここに二階建ての校舎一棟を建築したのである。

これが「共立学校」の始まりである。

共立学校の目玉は「英学」である。そのために高給を以て外国人講師を招き、学校教育の充実を図ったのだ。

初代校長・高橋是清

しかしながら、悲劇は突然やってきた。一八七七年（明治一〇年）の夏にコレラが東京で大流行し、およそ八〇〇〇名の死者を出したのだが、このコレラ菌に冒された佐野が急逝。享年四九歳という若さであった。

佐野という求心力を失った共立学校は存亡の危機に陥る。

これを打開したのが初代校長に就任した高橋是清である。

高橋は政治家として第一六代内閣総理大臣の山本権兵衛のもとで大蔵大臣を務めたあと、一九二一年（大正一〇年）には第二〇代内閣総理大臣となった。晩年はそのふくよかで温厚な顔つきから「ダルマ蔵相」と呼ばれて庶民から親しまれたが、予算編成で軍部と対立した結果、一九三六年（昭和一一年）の「二・二六事件」で青年将校から胸に六発の銃弾を撃たれ、暗殺されたのだ。

廃校の危機に瀕していた共立学校を立て直すため、高橋が具体的な策として講じたのは大学予備門進学を目的とした寄宿制の受験予備校に変革することであった。

その後、共立学校は飛躍の一途を辿り、府下随一の進学校となる。大学予備門の試験制度が変わるごとに、学制を改めてこれに即応する柔軟さがあったからだ。一八七九年（明治一二年）には実に一二〇名の大学予備門の進学者を輩出している。そう、開成は創立してすぐに全国を代表する「進学校」としてその名を轟かせたのだ。これがその後の開成の在り方を決定づけることとなる。

「開物成務」の意味

一八八六年（明治一九年）、共立学校は飛鳥山（現在の東京都北区王子）で大運動会を催した。通説によれば、このときに一人の教員がイギリスの作家E・B・リットン（満州事変で調査団を指揮したリットンの祖父）の格言「The pen is mightier than the sword」（ペンは剣よりも強し）が書かれた大旗を先頭に掲げ、それを校旗の代用としたので、後にこれを図案化したものを徽章として採用したという。この校章はいまも引き継がれ「ペンケン」の愛称で呼ばれている。

そして一八九五年（明治二八年）、共立学校は「開成尋常中学校」と名を変更し、四年後の一八九九年（明治三二年）には中学校令改正に伴い、名称を「開成中学校」とした。

校名の「開成」は中国の古典『易経繋辞上伝』に登場する「開物成務」に由来する。これは「人間性を開拓、啓発し、人としての務めを成す」という意味であり、明治維新の前後に識者が好んで用いた文句でもあった。

現在の開成中学校・高等学校のホームページを見ると、「教育理念」のところに「開成学園が大切に育ててあげてきた考え方」として次の四つのことばが掲げられている。

「開物成務」
「ペンは剣よりも強し」
「質実剛健」
「自由」

一つ目、二つ目の由来は前述した通りだが、三つ目の「質実剛健」は第九代校長の片山正夫氏が示したものであり、周りに安直に流されることのない自身の力強い心構えの基礎を中高六年間の中で培ってほしいという意味がある。四つ目の「自由」は、「放任」とは異なり、「自主」と「自律」を指し示している。

「ボートレース応援」という洗礼

開成に入学したばかりの生徒が最初に参加する全校行事は、四月に開催される「ボートレース」の応援だ。

入学直後の中学校一年生の教室に突然高校三年生の生徒たちがなだれこんでくる。

卒業生がそのときのことを振り返る。

「昼休みに上半身裸の上に学ランを着た高三生の人たちから取り囲まれて、いきなり怒鳴られる。『オラ、声が小さい！』とか。で、その場でボートレースの応援練習をするんです」

別の卒業生は自身が高校三年生になって中学校一年生を「指導」した経験を、笑いながら語ってくれた。

「いま振り返ると、これって中一ではなく、高三のほうが実はビビッているんです。『本当に自分は高三として中一に舐められないように演技できているんだろうか。ちゃんと先輩然としたふるまいができているんだろうか』なんてドキドキしながら指導しているのです」

このボートレースは開成にとっては伝統的な行事である。その歴史を簡単に紹介しよう。

その昔、このレースは学内の学年別対抗戦であり、隅田川でおこなわれていた。

一九二〇年（大正九年）より東京高等師範学校付属中学校（現在の筑波大学附属中学校・高等学校）との対抗戦が始まった。第一回は開成の勝利。以来、この対抗戦はいまに至るまで続けられている。

二〇一九年四月二〇日に「第九一回ボートレース」が戸田市（埼玉県）のボートコースにて開催された。面白いのは、それまでは開成四五勝、筑波大学附属四五勝と完全に五分であったこと。そして、二〇一九年度は筑波大学附属が勝利し、開成にするとボートレースは通算四五勝四六敗となった。

橋本弘正先生は、自身の学生時代を述懐した。

「上級生たちが昼休みにいきなりやってきてわれわれ下級生を校庭に集めたんです。で、上級生にどやされながら連日ボートレースの応援歌の練習です。そういう強制力はいま少しだけ薄れてきたみたいですが、それでも当時の雰囲気はいまの開成にも受け継がれているでしょうね」

橋本先生はボートレースについてこう付け加える。

「よくよく考えれば、他校との対抗戦とはいえ一部活動に過ぎないボート部だけ全校規模の応援がなされるのはおかしな話ですよね。さながら、甲子園に出場した野球部を全校一丸で応援するような雰囲気です。だから、他の部活動、たとえばバスケットボール部とかバレーボール部の人たちなどは反発することもあります。『なんでボート部だけ特別なんだ?』ってね。しかしながら、それは伝統的に開成でおこなわれてきたことですからね」

このように、全校が熱く取り組むように見えるボートレース応援だが、近年は意外に和気あいあいとした雰囲気らしい。

開成名物の「運動会」と比べれば、ボートレースの応援は本当に楽だったと卒業生たちは異口同音に振り返るのだ。

卒業生同士のあいさつは「何組?」

わたしの手元には卒業生の一人から借りた『運動会史究明局活動報告書〈第五版〉』(「開成高等学校中央執行委員会運動会史究明局」発行)という二〇〇九年六月に発行された冊子がある。第一章「運動会部分史」、第二章「資料編」という内容構成であるが、かなり厚手の冊子であり、実に二六〇ページの分量がある。

この冊子の巻末には「運動会歴代順位表」が掲載されている。たとえば、二〇〇八年の運動会は第一位「橙」、第二位「紫」、第三位「黒」、第四位「黄」、第五位「赤」、第六位「白」、第七位「緑」、第八位「青」と記載されている。外部の人間からすると一体何のことやら訳が分からない。

わたしの経営する中学受験専門塾に開成出身の講師がいる。

あるとき、生徒の父親が開成出身だと判明した。そのとき、ロビーから二人のはしゃいだような声が講師室まで響いてきた。

「え!? お父様は何組ですか？ わたしは紫組だったのですが」

「わたしは緑組だったのですよ！」

そんなふうに盛り上がっている。

二〇代の卒業生が「色」の意味を教えてくれた。

「運動会本番は八色分の桟敷があって、そこに並んで応援するのです。高校生は組ごとに色が決められています。一組が紫、二組が白、三組が青、四組が緑、五組が橙、六組が黄、七組が赤、八組が黒です。中学生は七クラス編成なので、各組の出席番号をずらしながらそれぞれの色に割り当てていく。たとえば、一組の一番～五番が赤、二組の六番～一〇番が赤、三組の一一番〜一五番が赤のように」

そして、彼は開成出身者独特の「あいさつ」についてにこやかにこう語ってくれた。

「卒業後、開成出身の人に出会うと、第一声は『何組だった？』と、その色を聞くんです。そのあとに、運動会でどういう役割、役職をしていたかを聞き出します。イギリス人があいさつ代わりに天気の話をするのと感覚的には多分同じです」

運動会で「ミニ社会」を経験する

いま述べたように、運動会は学年別でチームを組むのではなく、中学校一年生から高校三年生までの「縦割り」になる。上級生はチームを団結させるために、下級生たちを準備段階から徹底的に指導していく。だから、運動会のシーズンが近づいてくると、先に挙げたボートレース応援練習の「強化版」が学内で繰り広げられるようになる。

私立大学医学部に在籍している卒業生は当時の様子を思い出して話す。

「援団（応援団）っていう高三の人たちに取り囲まれて、昼休みに中一が応援練習します。で、団長がわざとバンッとドアを叩いて『決起いくぞ！』なんて叫んで（『決起』とは応援種目の一つ）、まごまごしていたら団長が『おい！　お前ら、「決起」も言えねえのか！

そんなんじゃ、応援になんねえんだよ！』ってメガホン叩きつけて帰ってしまう。そしたら、ほかの援団の人が『お前ら団長さん怒って帰っちまったじゃねえか！』とキレるわけです。返事は『はい』じゃだめなんです。『おお！』って答えなきゃいけない。もうお家芸って感じ。でも、『おお！』って返しづらい問いもありますよね。『お前ら舐めてんのか！』なんて言われたら『おお！』なんて言いにくい。それでボソボソ返事していたら、『返事は！』とか言われて、そこで安心して『おお！』と返せる。もう文脈はどうでもよくて、とにかく声を出させることが目的でした」

こんな光景を想像すると、さぞかしスパルタ的な「しごき」がおこなわれているように感じてしまうが、厳しいのは練習の序盤のみ。高校三年生に対して下級生が従順な態度を示していることが分かるや否や途端に優しくなるという。

一人の卒業生は苦笑する。

「後輩が舐めてこないことが分かってくると、そこから仲良くなる。後輩を可愛がる人たちが多いのです。中一のときは本当に高三の先輩がよくしてくれました。いま思い出したのですが、中一のとき高三の人たちに連れ出されて、一体何をされるのかと戦々恐々としていたら、ご飯おごってもらいました。中学生は下級生ということもあり、そこまで運動会に対するモチベーションは高くないのですが、そんな上級生の姿を見ていたからか、高校生になってから運動会を成功させなければいけないという使命感、上級生としての自覚が芽生えました」

運動会を通じて繰り広げられる上級生たちと下級生たちの人間模様。これこそ、開成の生徒たちの気質に大きな影響を及ぼすのだと橋本先生は言う。

「下級生は上級生に憧れの目を向けて、上級生は下級生の模範になる行動をとる。このような上下関係を構築することは大きな意味があります。これは社会に出たときに自分の居場所を見出す訓練になっているのではないですか。たとえば、現代は上司に対してとは思えない口調で話す人もいますよね。でも、開成出身者がそのようなふるまいをすることは絶対にない。簡単にいうと、タテ社会の中で開成出身者は使い勝手がよいのではないでしょうか」

橋本先生はこうも付言する。

「いま思えば、開成の子たちは学内、とりわけ運動会などの行事を通じて『ミニ社会』を経験しているのでしょう。怒鳴られる側になったり、今度は怒鳴る側に立ったり。そういう経験を繰り返して彼らは成長していく。だからか、開成出身者に共通しているのは集団で行動する時に先頭に立ってというよりも、サポート役になる人が多いような気がします。人のために尽くすことを決して厭わない」

開成で三〇年以上指導を続けてきた橋本先生は、開成出身者はすぐに分かることも多いそうだ。

「わたしがいま勤めている海陽学園（愛知県）の教員で開成出身者、つまり、わたしの後輩がいるのです。彼は能力が高く実行力に長けています。しかし、それだけではありません。何か事をおこなう際にはどんなに些細なことであれ、周囲の人間に絶えず気を配っています。どんな連中にもしっかり声をかけていく。だから、周囲から安心感のある人物、信頼できる人物であるという評価を受けている。見ていて、自分の立ち位置がしっかりしている分、余裕があるんです。これは開成の中高時代に培われたものに違いありません」

生徒主体の運動会

開成の運動会は毎年五月の第二日曜日に開催される。当日はさまざまな種目がおこなわれるが、中学校一年生の馬上鉢巻き取り、中学校二年生の綱取り、中学校三年生の俵取り、そして、高校二年生、三年生による棒倒しがメインであり、各組が上級生の指揮の下、声を嗄らして応援するという。

この運動会、在校生の保護者はもちろん、これから開成を受験するであろう小学生たちとその保護者が見学にやってくるので、大規模なイベントになる。

毎年のようにメディアからも注目される開成の運動会ではあるが、二〇一八年には何とニューヨーク・タイムズでも取り上げられた。「The Organized Chaos of Botaoshi, Japan's Wildest Game」（日本で最も勇猛な競技『棒倒し』の組織された混乱）と題された記事が世界に配信されたのである。

さて、開成の運動会で注目すべきところは、「生徒の自主運営」に任せられているという点だろう。

運動会に向けて「運動会準備委員会」「運動会審議会」「運動会審判団」「運動会記録委員会」という四つの準備団体が組織される。

三〇代の卒業生にこの点をたずねてみた。大きく二つの組織に分類すると、開成の運動会の姿がはっきり見えてくるという。

「高二から高三のクラスはそのまま持ち上がりですから、自分たちが高三になる運動会にかけては相当時間をかけて準備しますね。もう高二の運動会が終わってすぐという勢いです。準備といっても運営面と競技面の二つがあります。開成の運動会はまるで中国共産党と中国政府であるかのように二本立ての組織を思い浮かべると分かりやすい。学校全体の運動会を企画・運営する運動会準備委員会。そして、競技者たちの集団としての応援団です」

特に応援団の団長決めは難航することが多いらしい。各組の運動会の成否を決するのが団長だからだ。だからこそ、生徒たちは念入りにその選挙まで実施するという。

橋本先生が詳細を教えてくれた。

「高二のときに団長が選ばれるのですが、クラスの中で何人かが団長に立候補します。で、クラス五〇人が投票するわけです。支持率が九六%を超えるまで何度も何度も選挙を繰り返します。そのときに、『俺はこうこうこういう思いで団長に立候補した』と演説すると、ほかの生徒たちから『でも、お前は過去にこういう行動をしたじゃないか』なんて批判、糾弾されることもある」

先ほどの三〇代の卒業生も振り返る。

「応援団長と組責任者は信任投票で選ばれます。選挙を何度も何度も繰り返して、もうクラスで満票を取らないと選ばれないくらいです。選ばれる過程でクラス内のコンセンサスを作っていきます。わたしのクラスはたまたま一発で決まりましたが、それはレアケースですね」

彼によると、運動会に関する役割、役職はまずは団長決めが優先されるという。

「応援団長は高二の五月くらいに選挙で決めます。で、応援団長がようやく決まれば次は副団長を決めて……夏一杯をかけてそれぞれの役職をどんどん決めていき、その役職者が職務に応じて夏以降に準備を始めるんです。そう考えると、高三の運動会に向けて一年近くかけて準備することになります。そのほかにも準備委員会の中心役を担う組責任者ですね。応援団長と組責任者は中国の共産党の書記長と首相みたいなものです」

橋本先生は組責任者の重要性を力説する。

「団長が暴走しないように『組責』（組責任者のこと）というのが一人いて、圧倒的に優秀なヤツが選ばれる。学業的にも人格的にも優れている人が組責任者になります」

先ほど開成卒業生同士のあいさつは、組の色をたずねることと、運動会の役職を聞くことだと書いたが、そんなにその役職というのは大切なのだろうか。

本章の序盤のエピソードで登場した私立大学准教授の卒業生は深くうなずいた。

「開成の卒業生と会ったとき、彼が後輩だったとしても、『応援団長をやっていた』『組責任者をやっていた』なんて言われてしまうと、わたしはちょっと襟を正さざるを得ないですね。軽く扱えないなという思いを抱きますし、もうそれだけで尊敬の対象になります」

橋本先生もその弁に同意する。

「それはあると思います。厳しい選挙を乗り越えて当選した人しかその役には就けないのですから。少なくとも『俺たちのカラーを代表する』のはこの人物であると認められたわけです」

聞けば、応援団長はクラスの中で最もリーダーシップを張っていけるだろうと期待された生徒が選ばれる。一言でリーダーシップといっても、全体を力強く統率するタイプだけではなく、クラス全員の意見にしっかり耳を傾けられる忍耐力と調整能力に優れたタイプなどさまざまである。いずれにせよ、応援団長と組責任者の二名は、一年近くかけて運動会成功を目指して準備を積み重ねていくため、その負担やプレッシャーはかなり大きいものだという。

しかし、日本を代表する進学校である開成の高校三年生が、受験期にもかかわらず運動会に燃えているのはなかなか興味深い。

一人の卒業生は運動会が第一と断言する。

「運動会が近づくと、高校三年生は大学受験のことなんて全部忘れて、もう頭の中は運動会のことばかりですよ。そして、運動会が終わると何週間かは燃え尽きたというか、ぼうっとしているんですけど、六月くらいになると急に我に返って受験勉強に励むようになるのです」

進化する運動会

そして、迎える運動会本番。

運動会の会場は第二グラウンド（「第一グラウンド」があるが、開成のメインはこの「第二グラウンド」である）。

紫、白、青、緑、橙、黄、赤、黒の八色に分かれたチームがそれぞれの色の桟敷の上に集まる。その背後にはその色からイメージしたイラストが描かれた巨大な立看板（アーチ）がある。

クライマックスはやはり高校二年生、三年生による「棒倒し」である。下級生たちは大きな声を張り上げて上級生たちの士気を鼓舞しようと努めている。

卒業生の一人によると、最もハードな「棒倒し」であっても、そこには厳格なルールが存在していたという。

「ちゃんと審判もつけて、反則がないかチェックします。それこそ殴る蹴るがあれば即退場です。怪我はもちろんありますけれど、ちゃんとスポーツとして成立するようになっていますね。全部生徒の手で運営する。それこそ審判も生徒です」

そういえば、と一人の卒業生は在学中に教員から聞かされたことばを紹介してくれた。

「わたしたちがよくその先生に言われたのは、『お前たちはエリートだ。エリートは体が資本だ』というニュアンスのことです。なるほど、開成が運動会に力を入れるのはこういう考え方もあるのかと納得しました。半分冗談で言ったのだとは思いますが」

『運動会史究明局活動報告書〈第五版〉』の内容に目を通すと、過去の運動会ではこの「棒倒し」で数々の事故がそのときどきで勃発していたことが分かる。股関節の脱臼、頸椎圧迫による骨折事故、右頬骨陥没事故……。そんな怪我が多く、その都度、安全面対策などのメンテナンスを生徒たち主体で考え、実行しているのだ。開成の教員はあくまでもそのサポート役に過ぎない。

ただ、生徒たちの気づかないところでそのサポートはかなり徹底しているらしい。

一人の卒業生は、「運動会だけでなく、開成の行事全般にいえることですが」と前置きをした上で、教員のかかわりについて熱く語り始めた。

「先生たちからは『自分たちで決めるって大変なことだぞ』って常に突きつけられているような気がしていました。でも、『大変だけど自分たちが引き受けて全部やるんだ』と生徒たちみんなが意欲的になれるのが開成らしいところではないかと思います。本当に先生たちは口出し、介入はしてきません。わたしは組主任（担任教員のこと）の先生にこう言われたことがあります。『よかれと思ってやったことで失敗したとしても文句は言わない』と」

そして、彼は感謝のことばを口にした。

「先生たちは生徒たちが『自分たちで行事を仕切っている』と思いこめるだけの環境と関わり方を提供してくださっている印象があります。先生たちは生徒たちの防波堤になってくれているというイメージです。卒業後に担任の先生を囲みながら話していると、わたしたちが見えていなかったところでいかに先生方が動いてくださっていたのか、支えてくださっていたのかがはじめて分かりました。でも、わたしたちが在学しているときはそういう支援のポーズすら一切見せないのです」

二〇一六年、創立一五〇周年記念事業の一環で、運動会の開催場所である「第二グラウンド」が人工芝化された。雨や雪、霜で使えないという状況を減らそうと配慮した上での改修であったが、当時の生徒たちは大騒ぎしたようだ。

「人工芝に変わることで、運動会に支障は出ないのか」

生徒たちの不安はこの一点であった。

運動会運営を担う生徒たちの動きは素早かった。この第二グラウンドの改修計画が出るや否や、教員が使用する駐車場に、予定されているのと同じ人工芝を敷いて、その上で運動会の各種目の予行演習をおこなったのだ。

そして、生徒たちは人工芝化されても問題なく運動会を運営できることを確認した。その上で改修工事に取り掛かったのである。

このエピソードでも分かるだろう。教員サイドが快く自分たちの駐車場を「実験スペース」として貸し出したからこそ、「生徒主体」で問題を解決できたのである。

橋本先生は教員の役割について懐かしそうに語る。

「開成は生徒たちが中心になって行事を取り仕切ります。教員は基本的にそれを見守っているだけ。だから、教員にとってあんなに仕事が楽な学校はないように思えるでしょう。でも、子どもたちが夜遅くまで残れば、必ず学年主任たちはそれに付き添います。実際はかなり忙しいのです。その証拠に、学年主任なんて生徒たちの大学入試がすべて終わったあとの解放感には凄まじいものがあります。ああやっと終わったという安堵感、それから、あいつらとはお別れだなという寂寥感、双方の気持ちを抱いているのです」

文化祭も生徒たちの手で

一般的な「二大学校行事」といえば、「運動会（体育祭）」、そして、「文化祭」である。開成の文化祭の名称は「開成祭」。毎年九月下旬に二日間おこなわれている。

二〇一九年は、九月二一日・二二日の土曜日・日曜日におこなわれた。開成学園文化祭準備委員会が作成したホームページの「企画一覧」をクリックすると、約七〇もの企画がずらりと並んでいる。

地質部に所属していた卒業生は文化祭のことをよく覚えているという。

「地質部はまさに文化祭のために活動するという感じでした。わたしたちは『外向け』というより自分たちのためにおこなっていました。一年の研究結果を発表する場で、たとえば、『琵琶湖の地層の研究』と題して、見つけてきた化石を並べて顕微鏡で見てもらうとか。来場者は半数くらいが受験生とその保護者でした。地質部ですから、悲しいかな女子校生はあまり来ませんでした。お化け屋敷とか、そっちに行ってしまうのではないでしょうか。ごくたまにふらっと地質部の展示に女子校生がやって来たとしても、『わあ、涼しい！』なんて言っている。涼みに来ているのであって、展示を見に来たわけではない」

音楽部に在籍していた卒業生も、文化祭は自分たちのための「発表の場」であると話す。

「音楽部は文化祭が一つの大きなステージでした。文化祭は基本的には自分たちのためにやっていましたね。むろん、オーディエンスがいてはじめて成り立つ場ではありますが」

別の卒業生も似たようなことを言う。

「開成祭は建前では『開成ってこんな学校だよ』と外部に知ってもらいたいというのがありますが、やっぱり内輪で盛り上がることが第一です。だから、麻布みたいに女子校生をターゲットにしようとかそういうのは全くない。開成は人種のるつぼなので、おのおのが自分のやりたいことを勝手にするという感じです。決して協調性がないというわけではなく、限られた予算、資源、時間、人員の中で自分たちが取り組みたいことに全力を注いでいくという雰囲気です」

ただし、開成祭を「内輪ノリ」と言い切るつもりはわたしにはない。それぞれの団体が作り上げた展示の数々を見て回っていると、その過程では各自が「強いこだわり」を持っていることが分かるものの、最終的には「外部向け」になっているものばかりだ。開成が受験生保護者対象に実施している学校説明会で配布される資料に「受験生の君へ」とタイトリングされた全四ページのカラーのプリントがある。それによると、「開成祭」には教育理念を語る上でのキーワードの一つである「質実剛健」がよく現れているという。

一部抜粋してみよう。

「開成学園の文化祭（開成祭）は、毎年、多数の来客で賑わうとても華やかな行事です。一見『質実（外見を飾らない）』とは関係のないもののように思うかもしれません。しかし、開成祭の催し物の一つ一つを見てみると、『既成のものに頼らない自分達自身の手作り』の部分を発見できるはずです。ゲームを企画するような団体一つとっても、既成のテレビゲームを並べて、それでおしまいというような参加団体はありません。例えば、近所から空き缶を何百本と集めてきて、自分達の手で一つずつそれを洗い、自作ゲームの材料に作り上げた参加団体もありました。（中略）皆様の身の回りに、『手作り』の物はありますか。あったら手にとって触り、じっと見つめて下さい。質素な外見の向こうに、『そのもの』にこめられた作り手の思いが感じられるはずです。それは、大量生産されるものには感じられない『たくましく揺るぎようもない価値』でしょう。このような『質実剛健』な参加団体が開成祭にはあふれています」

そうなのだ。開成祭の出し物一つ一つには、開成の生徒たちが皆で知恵を出し合い、試行錯誤しながら展示を完成させるという、その汗がダイレクトに感じられるものばかりなのだ。一見地味に思えてしまう開成祭ではあるが、実は開成を志望する理由で、この「開成祭」で入りたい部・同好会、研究したいことに巡り合えたからという声が多く聞かれるのも当然だろう。

この開成祭も運動会同様、生徒主体で運営されるのだという。卒業生である大学生がこの点を詳述してくれた。

「文化祭はすべて生徒たちの手で運営します。いろいろな役割をみんなが担うのです。ぼくは講演会係を担当し、最後はそのサブチーフをやっていました。講演者の手配や謝礼の準備、当日の運営などに携わりました。アナウンサーの福澤朗さんに声をかけて登壇してもらいました。宮崎駿さんを呼ぼうと動いたこともあるんですが、そういうのは一切やらないと断られましたね。ほかにも、Ｓｕｉｃａを作った技術者の人とか、ぼくの一つ下の代はジブリのプロデューサーの鈴木敏夫さんを呼んでいました」

開成祭ではほかにどんな係があるのだろうか。その彼が教えてくれた。

「参団係というのがあります。たとえば、慣例として中一はクラスで必ず出展しなければいけないのです。また、部活で何か出展したいケースもあります。そういう一つ一つを『参加団体』、通称『参団』って呼んでいるのですが、参団係はその審査を担います。教室が一〇〇ある中で二〇〇の申請があれば、一〇〇を受け入れて、一〇〇を切り落とすなど……。また、参団の予算の管理もおこないます。あと、『演準係』。これは演奏する団体を管理する係です。電気係、会場係、縁日係、スタンプラリー係、広報係など……。これはあくまでも一例です。本当に多くの係が存在した上で、開成祭が運営されます」

ある卒業生は開成祭をこんなふうに振り返った。

「開成祭の凄いのは、お金の管理、資材の管理、人数の割き方、タイムスケジュール……。その何一つとして先生たちは関わっていないところです。先生の仕事はハンコを押すだけ。それこそ、パンフレットだって、自分たちでぜんぶ考える。だから開成祭は思い出深いです。それは開成祭が遣り甲斐があった、楽しかったというのは当然あるのですが、上の代になって重責を担うほど、『行動力』『想像力』『マネジメント力』などの能力が磨かれたと実感できるからです。開成という場所に身を置くことでこのようなかけがえのない力を得ることができました」

部・同好会は長幼の序を重んじるのか？

開成には二二の「運動部」、二九の「学芸部」（いわゆる「文化系の部活動」）、一五の「同好会」がある（二〇一九年九月現在）。

運動会に見られるような上級生、下級生たちのびしっとした人間関係はやはり部・同好会でも見られるのだろうか。

卒業生に話を聞くと、部・同好会によってかなりの「温度差」があるという。

東京大学大学院に通う卒業生は、当初はバスケットボール部に入っていたが、途中で転部した。

「バスケ部は、とにかくきつくて辞めました。小学校からバスケをやっていてそこそこの自信はあったのですが、開成のレベルの高さは予想以上で、練習量が凄まじい。夏合宿の猛練習に悲鳴を上げ、へこたれてしまい、それで秋くらいに辞めちゃいました。そういえば、顧問の先生も厳しくて、とにかく怖かったです。先輩は特に意地悪をされたわけではないですが、威圧感はありました」

そう語る彼は、部を変えて正解だったという。

「辞めたときは後ろめたさがありました。それは先輩に対してではなく、バスケ部の同期に対してです。しばらく会いたくないな、合わす顔がないなって。向こうも何だかよそよそしいし。で、しばらく静かにしていたら、同じクラスのヤツにソフトボール部に誘われたんです。声をかけてもらって救われましたね。ソフトボール部は週二回の練習で、その練習もぬるくて良かったです。顧問はいるにはいるのですが、完全に放任状態」

開成では「運動部」と「学芸部」を掛け持ちする生徒もいるらしい。

ある卒業生は柔道部と地質部双方に属していた。

「二つの部を掛け持ちしている人は多かったですよ。ぼくの入った柔道部と地質部は自分の代だと最初ぼく一人。柔道部は途中から同級生が加わりましたが、地質部は最後の最後まで同級生がゼロ。だから、結果として柔道部と地質部両方の部長をやる羽目になりました。柔道部は全学年合わせても三人くらいで活動していた時期がありました。いまはもう少し増えていると思いますが。地質部は五人くらいになってしまった時期もありましたね。ここもいまは大勢いるみたいですけど」

少人数ゆえ、上下関係などは全くなかったという。

「柔道部は体育会ですが、いま申し上げたように人数がとにかく少ないので上下関係の厳しさなどありません。先輩ともフランクに接していましたね。それこそ、しごきなんて世界からはほど遠い。もちろん、地質部も同様です」

開成進学を残念に思う子もいる

開成を第一志望校にして晴れて入学してきた生徒の割合は、麻布や武蔵に比べるとやや低い傾向にある。三校の中では一番「偏差値レベル」が高い学校なのに？　四〇年近くも東京大学合格者数全国トップを続けている学校なのに？　と不思議に思われる方もいるだろう。

なぜか。それは、筑波大学附属駒場中学校（東京都世田谷区）の存在が関係している。開成の中学入試は二月一日に実施されるのに対して、筑波大学附属駒場（以下、「筑駒」と表記）の中学校入学者選考は二月三日におこなわれる。すなわち、両校を「併願」する受験生が数多くいるのだ。

開成は東大合格者数ナンバーワンの学校ではあるが、東大合格率ナンバーワンの学校は筑駒だ。二〇一九年度の合格実績を見ると、一六三名の卒業生のうち東大に現役で八八名進学している。つまり、卒業生のうち半数以上が東京大学に現役進学するモンスターのような男子校なのである。校風は生徒たちの自主性を尊重した自由なものであり、クラブ活動、生徒会活動、行事の運営はすべて生徒主導である。開成と似たところが実に多い学校であることが分かるだろう。加えて、国立大学の附属校ゆえ学費は相当安価である。このため、第一志望校を筑駒、第二志望校を開成とする受験生が相当数いるのだ。

私立大学医学部に通う開成卒業生は中学入試のときの「生々しい」出来事を話してくれた。

「ぼくは開成を志望していたわけではなく、筑駒が第一志望でした。筑駒の文化祭は二回行きましたし、体育祭にも行きました。反面、開成には一回も行ったことがない。入試当日にはじめて足を運んだというわけです。結果的に開成に合格して、筑駒に落ちたわけなのですが、一二歳の当時、もう本当にショックで、生まれて初めてミスしたな、なんて思いこむくらい失意のどん底にいました。開成進学が決まったので、制服の採寸で開成に行ったときも半泣き状態で……。付き添いの母親に『あなたはがんばったんだから』とか言われながら、開成の階段を上ったのをいまでも覚えています。親はいたたまれない表情をしていましたね」

そんな彼は開成に入学してすぐに学力不振に陥ったという。

「筑駒への思いが強かった分、開成に入学した当初、ぼくは腐っていたんです。生活態度も含めて。そしたら、最初の中間試験でものすごく悪い成績をとってしまいました。地理はいきなり赤点でした。そこではたと気づくのです。周囲を見回してみると、『あれ？みんな、何だか勉強できるぞ』って」

そして、もう一つ彼が気づいたことがある。開成の同級生で学力的にトップレベルの人ほど部・同好会に懸命に打ち込んでいるという点だ。

「ああ、ぼくも何か部活動をやろうかな」

そう思ったとき、彼はもう中学校三年生になっていた。意を決して飛び込んだのはバドミントン部。

「安易な動機です。仲の良いヤツ、つるんだら楽しそうなヤツがいるというのが入部の理由です。でも、これがとても楽しくて大当たりで、本当の友だちがはじめてできた気がします。そこで一緒になった同級生たちはいまだに仲良しです」

この友人関係は彼の価値観形成にも影響を及ぼしたという。

「一人は哲学が好きなヤツで、『国際哲学オリンピック』に日本代表として出場したんです。スピーチはすべて英語でおこなわなければならず、彼は開成の英語の先生にそれを手伝ってもらっていました。とはいえ、鼻を高くすることも一切ない、嫌みのない本当にいいヤツです」

「あと、在学中にオヤジさんが寝たきりになってしまった友人がいました。だから、浪人も許されない状況になって。結果として彼は難関私大の地域枠で現役合格、進学しました。とてもストイックなヤツです。部活動もとにかく一生懸命にやっていました」

彼の口からは次から次へと同級生たちの人柄やエピソードが出てくる。

彼はそんな友人付き合いを通じて、開成に入学してしばらく腐っていた自分を猛省させられたという。

「いま思えば、最初は筑駒に落ちていじけていて、自分から同級生に近づいていこうとしなかったのです。でも、部活動をきっかけに仲の良い人が増えれば増えるだけ、開成の人たちってみんなそれぞれ凄みがあるんだな、尊敬できるところがたくさんあるなと思えるようになりました」

そんな彼はいまでは開成出身者であることを心から誇りに思っているという。

彼はこんなことを呟いた。

「将来、ぼくに息子が生まれたら、絶対開成に入れたいですね」

「旧高」と「新高」

開成が麻布、武蔵と決定的に違うのは、完全中高一貫校ではない点だ。中学入試で約三〇〇名、高校入試で約一〇〇名の新入生が進学してくる。

開成では中学入学組を「旧高」、高校入学組を「新高」と呼んでいる。

中学校は七クラス体制で一クラスの人数はおおよそ四三～四四名、高校になると八クラス体制になるが、そのときは一クラス五〇～五一名程度になるという。ただし、高校一年生のときは「新高」のみで占められるクラスが二つあり、「旧高」のためのクラスが六つ設けられていて、授業での互いの接点はあまりないという。

高校から入ってきた「新高」はすでに三年間開成で過ごしている「旧高」に対して、やりづらさはなかったのだろうか。

「新高」である三〇代の卒業生は当初は心細かったと打ち明ける。

「高校から開成に入って、最初は旧高となかなか打ち解けられないという気持ちを少しだけ持ちました。これが高一から旧高と同じクラスでスタートするのであれば大分ちがったのでしょう。そもそも中学からずっといる人たちのコミュニティに入っていく場所ってあまり多くないのです。わたしは辛うじて部活動がありましたが、部活動や委員会をやらない新高の人間からすると、既に出来上がったコミュニティに一年間接する機会がないわけですから、どんどん疎外感を抱いていくという側面があるのかもしれません」

しかし、と彼は言い添えた。高二になってすぐに「旧高」も「新高」も意識しなくなるイベントがあるのだという。そう、運動会だ。

「高二から、中学受験で入った人、高校受験で入った人が混じります。そして、クラスの結束を強めるのはなんといっても運動会でしょう。高二の五月から高三の五月にかけてはクラスでまとまってみんなで運動会に向けて準備しますから、そこで互いの距離が一気に縮まるのです」

開成の「旧高」と「新高」の生徒たち。それぞれにちがった特徴はあるのだろうか。橋本先生はこう説明する。

「卒業してしまえば、『旧高』と『新高』の違いは分からなくなりますが、『新高』のほうが社会性の豊かな人がたくさんいるのではないかと思います。立ち回りが上手というか。彼らの多くは公立中学校、男女共学出身ですしね。経済面も含めて多様な背景を持った子どもたちが集まっている場所を経験したからでしょう。一方、中学入学者は六年間男子だけで過ごします。そして、彼らの人間関係、とりわけ、上級生と下級生が織り成す人間模様は、開成独自のもので、ほかの学校では決して見られないもの。行事ひとつとってもすべて上級生がお手本になる。言い換えると、高校になって自らが上級生になったときは、下級生を意識した行動をすっと取れる子が多いです。その行動は歯切れのいい『鮮やかさ』があるように思います」

「百傑」と「裏百」

「旧高」の生徒たちにとって「新高」の生徒たちとの出会いは、とりわけ学習面において大きな刺激になるという。

二〇代の卒業生は語る。

「よく言われるのが、『新高』が『旧高』にとって大学受験へのカンフル剤になるということ。旧高の成績って上か下に両極端なのです。新高がその真ん中に入ってきて、それで下のほうにいる旧高の層は焦り始める」

これは彼の世代に限った話ではないのだろうか。彼の二つ下に当たる大学生の卒業生に同じ話を振ってみた。

「まさにその通りです。高一から『実テ』（実力テスト）が学校で始まります。この成績をもとに開成では『百傑』（上位一〇〇名）とか『裏百』（下位一〇〇名）と伝統的に呼ばれるランク付けが始まります。最初は高一の九月に実テがおこなわれるのですが、ふたを開けてみると旧高と新高の人数比は三対一のはずなのに、百傑は旧高、新高で半々になります。なぜかというと、新高の連中は高校受験で猛勉強しているからです。そのままの勢いで高校に入ってからも旧高の連中に負けないように勉強する。そんなとき、ぼくらはモラトリアムを爆走中。だから、高校に入った当初は確実に新高のほうが学習姿勢はいい」

ちなみに、「実テ」の形式は東京大学の試験問題とそっくりだという。

それでは、旧高の生徒たちは新高の生徒に学力的に押しつぶされてしまうのだろうか。

彼はこう付け加えた。

「だけど、面白いのは、そういう状況を目の当たりにして旧高の連中に火が点くのです。ややべえ、勉強しなければばって。東大どころか、裏百に入ってしまうぞ、このままじゃマズいんじゃないかって。そして、最終的な百傑はうまい具合に旧高が三、新高が一の割合になるのです。もっと概観的なことを言えば、上の方に突出しているヤツは旧高が多い。真ん中は旧高、新高が混ざり合っているイメージ。で、底辺にはずっと勉学を舐めくさっていた旧高の連中がウョウョいる」

三〇代の卒業生も同じようなことを口にした。

「『百傑』『裏百』という表現は開成内でよく飛び交っていました。『え、お前、裏百に入ったことあるの？』みたいな（笑）。十傑なんていうと、凄い。東大理Ⅲ（理科三類）合格を現役で狙えるんじゃない、なんて。逆に裏百になると浪人率がかなり高い。一浪して早稲田、慶應などが多かったように思います。学力的に底辺のヤツは二浪して日東駒専（日本大学・東洋大学・駒澤大学・専修大学）に進学した人もいました。ただ、どの大学に進学したのかなんて、その人の価値を測る尺度ではないっていう雰囲気は開成にはありましたけれど」

開成の授業は刺激がいっぱい

それでは、開成の授業はどんな雰囲気でおこなわれるのだろう。「東大一直線」的な授業内容ばかりなのだろうか。

一人の卒業生がそんなことはないと微笑む。

「各科目、ありていにいえば面白味のある授業が多かったです。ただ、大学入試に直結するわけではありません。いままで考えもしなかったことをぱっと提示してもらった授業、たとえば、現代文の授業は、いまにして思えば大学院に入ってから聞かされた現代思想の話なんかが盛り込まれていました」

それ以外には、と彼はさらに思いだす。

「地理に名物の先生がいるのですが、もうついていくのに必死でした。たとえば『次の授業までにルワンダにおけるフツ族とツチ族の抗争について、その抗争の原因も含めて調べてこい』とか。こっちからすれば、そもそもルワンダってどこにあるんだ？という状態です。とにかくこの地理の授業では膨大に本を読まされました。岩波新書を一冊読んでレポートを書きなさいとか」

東京大学に在学中の卒業生は古文の授業がお気に入りだったという。

「開成出身の先生で、自分の中高時代の話をいろいろしてくれて親近感が持てました。とても多才な人で、小説を書いて賞を受賞して、出版もしています。とはいっても時代小説ではなく、なぜか恋愛小説（笑）。話術が巧みな先生で、授業にひきつけられました」

医学部に在学中の卒業生は、開成では現代文の授業が毎回楽しみで仕方がなかったという。彼は興奮気味に語る。

「高一から現代文を教わった先生は、授業内容が凄い！　ぼくは大学受験時に東進（東進衛星予備校）の映像授業などをみていましたが、予備校講師は大学入試に向けて要領の良い解説をしているのに対し、この先生は受験以外のことにまで広げて、システマティックに解析するのです。それこそ、芥川龍之介とか森鷗外とかどんどん深読みしていく。最初はあまりにもチンプンカンプンで何言っているのか分からなかったのですけど、しばらくすると先生の言うことが分かってきて、『おお！』という感動がある。現代文ってこんなに面白いんだ！　と毎度新鮮でした。文章のこの部分で登場人物はどんな気持ちになったのか、というレベルでなく、その文章を作者はどんな思いで書いたのかにまで踏み込みます。いや、踏み込むというか紐解いていくという表現がぴったりくる授業でした」

国立大学の教育学部に進学した開成の卒業生は、母校に教育実習で訪れた時、こんな話を聞いたという。

「開成の教員採用試験って変わっています。普通は校長や教頭が面接し、採否を出しますが、開成は『その科目のトップ』が陣頭指揮を執って採用試験を実施します。そして、その採用基準はかなり厳しいと聞きました」

彼によると、開成の教員のうち、半数近くは開成卒業生で占められているのではないかという。また、院卒採用がかなり多いように感じたらしい。

橋本先生は言う。

「開成の教員には確かに本校出身者の割合が高いと思います。でも、他校から違う文化を持ち込む教員は尊敬されることが多いです。その人が持っているノウハウはためらうことなく開成サイドで吸収しようという雰囲気があるのです」

それでは、開成の授業だけで大学入試対策はできるのだろうか。

慶應義塾大学の医学部に進んだ卒業生はこう話す。

「いま思い返せば、本当に開成の勉強をしっかりやれば現役で東大に合格できる気がします。文系・理系問わずそう思わせる授業ばかりでした」

一方でこんな声もある。四〇代の卒業生は言う。

「わたしたちの代も塾・予備校に通っているヤツがほとんどでした。ただ、中学受験や高校受験のときと違って連日塾漬けという人はあまりいませんでした。一～二科目程度を選んで、単科で塾通いしているヤツが大半です。正直に言うと、東大合格をショートカットしたいなら、塾のほうが断然いいですね。開成の授業は最短距離をいくようなことはしません。その分、奥深くて長期的な観点で考えるとためになる内容ばかりなのです」

別の卒業生もこんなことを口にした。

「中一から塾に通う人は多かったです。全体の三割くらいだと思います。中学に入るとだらける人も開成では多いという話を聞いて、親も不安になるのではないですか。これが高校生になると七～八割は塾通いしています。受験勉強は塾がメインという人がほとんどでした」

六年間持ち上がりの組主任グループ

開成は担任のことを「組主任」と呼んでいる。学年ごとに担当教員が決まっているわけではなく、開成では中学校一年生で組主任を務めた七名（中学校は一学年七クラス体制）が、生徒たちが中学校二年生、三年生、高校一年生、二年生、三年生と進級するごとに持ち上がっていくという。高校からクラスが一つ増設されて、そこに新規に一名が加わる形になるのだが、基本的にはこの「組主任グループ」が生徒たちと一緒に六年間を過ごしていく。

開成の卒業生と話をしていると、教員たちに敬意を表しつつも、その距離の近さが感じられるのだ。それは、この「持ち上がり制」にも起因しているのだろう。

橋本先生は言う。

「開成の教員は中一から組主任を務めて、高三を終えるまでは一人前とは認められません。中一から六年間、その教員がどんなアクションを起こして、どんな結果を出すか分かりませんからね。だから、学内は長老社会、経験社会かもしれない。これって開成の上級生と下級生の関係に似ているところがあるかもしれません」

話は変わるが、開成の入試問題は「ビックリ箱」と形容されるくらい、前年とは打って変わった類の問題が出題される。いわゆる「入試問題傾向」が分かりづらい学校なのだ。

わたしの経営する中学受験専門塾に勤務する開成卒業生は、これは組主任の持ち上がり制度と密接な関係があるのではないかと睨んでいる。

「開成の先生に入試問題の件を突っ込んだら、ことばを濁されたので、あくまでも憶測ではありますが、開成の入試問題は『七年周期』で作成されているのではないかと考えています」

どういうことだろうか。

彼によると、ある組主任グループが中学校一年生を担当し、六年間かけて高校卒業まで見守っていくと、そのあとは一年間の「空白期間」、すなわち、どの学年の組主任も務めない時期があるという。そして、一年後に再び中学校一年生を担当して、高校卒業時まで生徒たちと付き合っていくのである。

彼が推測しているのは、この「空白期間」に当たる組主任グループが開成の入試問題を作成しているのではないかということ。

なるほど。確かに自分たちが担当することになる学年の選抜は自分たちの手で、と考えるのが普通だろう。

その話を聞くと入試問題について合点がいく。たとえば、二〇一八年度の中学入試国語の読解問題では、大学入試改革（大学入学共通テスト）を意識した「グラフの読み取り問題（記述式）」が出題され、塾業界の話題になった。しかしながら、翌年二〇一九年度の国語では、問題構成が一変し、物語文と論説文の二題構成のオーソドックスな記述問題が出されたのである。

これは他科目でもいえることだ。算数が劇的に難しい年があったかと思えば、翌年には平易なレベルで問題数もガクンと減っている。実に傾向をつかみづらい「塾泣かせ」の入試問題であるといえるだろう。

補足ながら、開成の社会の入試問題は他校と比較すると独特だ。必ずといっていいほど「東京」に関する問題が出題されるのである。たとえば、二〇一七年度は「ＪＲ山手線の駅名表示」「東京二三区昼夜の人口変動」、二〇一八年度は「一五世紀〜一八世紀まで江戸で起こった出来事」、二〇一九年度は「上野公園周辺の知識ならびに歴史」をテーマにした問題が盛り込まれた。

ある卒業生はこの点について開成の教員からその狙いを聞いたという。

「開成に入りたいと熱望する子に合格してほしい。だから、『東京』に関する知識を時間をかけて事前学習すれば、差がつけられるようにしたい」

裏返せば、入学する気がないのに開成を受験する層への牽制ともいえる。全国的に名を轟かせる開成は、塾が引率して関西方面や九州方面から受験生が大勢受験しにやってくる。たとえば、灘を第一志望にしているのに「開成合格」の勲章だけを狙って入試を受ける受験者層に対して「壁」を設けているのだろう。

卒業生ネットワーク「開成会」

さて、運動会などの行事で先輩・後輩の濃厚な関係性を中高六年間で構築したことは社会に進出してからの生き様にも好影響を与える。さらに、そのような関係性を築いた開成卒業生たちは社会に出てからも年齢に関係なくその繋がりは強い。

その繋がりを象徴しているのが、卒業生たちやその保護者たちで構成される「開成会」である。「地域別」「職域別」「部・同好会別」など多くの会が存在している。

私立大学准教授の卒業生が言うには、共通の立場の卒業生が複数人集まれば、すぐに開成会を組織できるらしい。

「わたしがR大学で助教を務めていたとき、懇親会でベテランの先生から『履歴書見たのだけど、君は開成なんだね。実はぼくもそうなんだよ』と話しかけてもらったのです。で、その先生と話していると、今度はまた別の先生がその場に加わって、『ぼくも開成です。そういえば、○○先生も開成だから、今度R大に勤務するその四人で飯でも食べに行こうよ』と。わたしがセッティングしなかったばかりに流れてしまったのですが、もしその四人の食事が実現していたら、『R大学開成会』が立ち上がったかもしれません」

開成会のホームページを眺めていると、実に多岐に渡る「○○開成会」が幾つも存在していて、会合を積極的に開催していることが分かる。地域別でいうと「市川開成会」「関西開成会」「宮崎開成会」「北海道開成会」など。ざっと見ただけでも、約三〇の地区別開成会が組織されていることが分かる。職域別にみると、「開成建築会」「小児科開成会」「金融開成会」「経産省開成会」「外科学会開成会」など。

社会に出て、何か困りごとが起こったとき、相談したいことがあるときなど、いつでも身近に「開成会」の存在が感じられるのは心強いことだろう。

開成で学んだこと

二〇一九年度の開成卒業生数は四〇一名。大学合格実績を見ると、東京大学に一八六名合格（うち現役合格者数は一四〇名）、東京工業大学合格者数は一三名（うち現役合格者数は一〇名）、東京医科歯科大学医学部合格者数は九名（うち現役合格者数は六名）、千葉大学医学部には一三名合格（うち現役合格者数は八名）など。私立大学に目を向けると、慶應義塾大学には一九五名が合格（うち現役合格者数は一〇〇名）、早稲田大学には二二二名合格（うち現役合格者数は一一一名）。近年は医学部にも多く輩出していて、慶應義塾大学医学部だけでも合格者数が一五名（うち現役合格者数は一〇名）、東京慈恵会医科大学には一五名合格（うち現役合格者数は八名）など。

圧巻の合格実績といえるだろう。

橋本先生は胸を張る。

「開成は以前早稲田や慶應からの指定校推薦枠がたくさんあったのです。トータルで六〇名程度。でも、そんなものを使う生徒はいません。だって、内申基準を満たす『五段階で四・三以上』の成績なら、東大に合格するに決まっているのですから。そんなこんなで誰も推薦しないでいたら、指定校推薦枠はなくなってしまいました。最近は早慶合格者数ランキングなんてありますが、あれは指定校推薦の生徒を多く含みます。各校の学力を測る尺度にはならないし、そもそも指定校推薦枠を使っている時点で二流校と言うべきでしょう。そんな推薦枠などなくたって平然としていられることこそ、開成が一流の進学校である証でしょう」

さて、開成の卒業生たちに取材をしていると、「東大○○名」などといった学校の実績について言及する人などほとんどいない。本章の序盤でも記述したが、開成では「勉強ができる」ことそれ自体は至極当たり前のことであり、語るに値しない話題なのだ。

そういえば、大学生の卒業生が最近の開成の進路状況の変化に言及していた。

「ここ最近は開成生の東大信仰がちょっと薄れてきたような気がします。医学部志望者が多くなってきたのではないでしょうか。あと、将来設計をちゃんとしているヤツが増えていて、東大にこだわらず、専門分野から進学する大学を決めるケースもたくさんあります」

本章の序盤のエピソードで登場した私立大学准教授の卒業生は開成で学んだ姿勢について語ってくれた。

「いろんな場面がある中で、自分が計画していた通りに事が運ばなかったり、思わぬ方向にいってしまったときに、立ち止まって、その場でできる最善のことをやろうと考えられるのは開成時代に身に付けたものだと思います。任された以上はしっかり自分で考えてやらなきゃいけない。たとえ上手くいかないことがあってもそんなのは当たり前で、それが新たなスタートだという意識が育まれたのでしょう」

一方、二〇代の卒業生は開成の同級生たちの顔ぶれを思い浮かべたのだろう。柔和な表情でこんなことばを口にした。

「開成は本当に個性の強いヤツが多い。だから、ぼくは『人を認める力』みたいなものが身に付いたように思います。大学に入ってからでも、『こいつはダメだ』なんてあまり思いませんし、第一印象で決めつけない。この人ちょっと苦手だなと思っても、実はある部分で突出していて、尊敬できる人だったというケースを開成で数多く見てきたからでしょう」

知力、学力だけではない。心も身体も中高六年間で磨き上げ、鍛え上げていくことで、生徒たちはたくましく成長していく。そして、生徒たちの自立を教員たちは温かく見守っていく。開成の学び舎では「開物成務」が日々実践されているのだ。

第3章

武蔵　勉強を教えない「真の学び舎」

約一万名の卒業生たちは「我が道」を歩む

男子御三家の一角である武蔵。

三〇年程前までは東京大学合格者数ランキングでベスト一〇入りの常連であり、一時期は九〇名近い合格者を輩出したこともあった。しかし、近年の東京大学合格者数はその「全盛期」と比較すると低迷気味であり、その状況を指して「武蔵は御三家から凋落した」などとメディアがシニカルに書き立てた時期もあった。ちなみに、二〇一九年度の東京大学合格者数は二二名（全国第二七位）。その内訳は文科一類七名、文科二類四名、文科三類三名、理科一類四名、理科二類三名、推薦一名。開成、麻布と比較すると数的に物足りなく感じてしまうところがあるかもしれない。が、卒業生数（高三の一学年）が約四〇〇名の開成、約三〇〇名の麻布に対して、武蔵は約一六〇名と少なく、その比率から考えると、やはり一流の進学校であることが分かるだろう。

創立当初から数えると武蔵を巣立っていった卒業生たちは約一万名にのぼる。

著名人の顔ぶれだけを紹介しても、武蔵という学校の教育がぼんやりと浮かんでくるのではないだろうか。

ウィキペディアの「武蔵中学校・高等学校の人物一覧」を見ると、政界、経済界、学術分野、文学界、芸能界、芸術分野と実に多岐にわたる分野で活躍していることが分かる。

政界では第七八代内閣総理大臣の宮澤喜一氏、元防衛大臣の田中直紀氏、元外務大臣の松本剛明氏などの名が挙がる。学術分野に目を向けると、第三〇代東京大学総長の五神真氏、第一七代早稲田大学総長の田中愛治氏、歴史学者の本郷和人氏、英文学者の河合祥一郎氏、ＪＡＸＡ（宇宙航空研究開発機構）宇宙科学研究所長の國中均氏、医学者の柳沢正史氏や水島昇氏など。この学術分野の卒業生一覧は壮観である。実に二〇〇名以上の名が並んでいるのである。

そして、文学界では直木賞作家の景山民夫氏、芥川賞作家でありイタリア文学者の大岡玲氏。芸術・芸能関係では俳優・歌手のささきいさお氏、右手と左手で別の曲を同時即興演奏できる音楽家のＨＩＲＯＳＨＩ氏、元東京事変ベーシストで音楽プロデューサーとして著名な亀田誠治氏、変わり種ではラップミュージシャンのダースレイダー氏などの名が挙がる。スポーツ界では馬術で東京・北京・ロンドンオリンピックと出場して話題になった実業家でもある法華津寛氏も武蔵の卒業生だ。

「我が道を行くタイプ」の卒業生が目立つように思えないだろうか。

わたしはこの点は武蔵の教育と無縁ではないと考える。

それでは、武蔵ではどのような学びが実践されているのだろう。一人の卒業生が武蔵に入学してすぐに感じた「衝撃を受けた授業」をまずは紹介したい。

武蔵に入学したら

一人の少年が教室で身を固くして、授業の始まりを待っていた。

彼は中学校一年生になったばかり。この春、無事に第一志望校である武蔵高等学校中学校に合格、進学を果たしたのだ。

そして、今日は少年が最も得意にしている理科（生物）の授業である。いままで小学校や塾で習ったものよりも、もっと高度な解説がなされるのかもしれない。ひょっとしたら、必死についていかないと取り残されてしまう可能性だってある……。少年の心は、期待と不安がない交ぜになっていた。

ガラリとドアを開けて入ってきたのは、四〇代後半くらいだろうか。白衣を羽織った短髪の男性教員である。チョビ髭がなんとなくユーモラスな雰囲気を醸している。

その教員は第一声をこう発した。

「じゃあ、今日はみんなで紐を作るぞ」

そして、タコ糸のような細い紐を生徒たちに見せながら、器用に編んでみせた。

「いいかい、俺みたいにやってみろ」

生徒たちに細い紐が配られた。少年が受け取ったのは、「オレンジ」「赤」「茶」の三本の紐だ。

教室全体がざわついていた。それもそうだろう。少年を含め、全員男子なのだから、三つ編みをした経験などない。どうして、理科の授業でこんな作業をしなければならないのだろうと戸惑いながらも、少年は数十分かけて紐をようやく編み上げた。

その数分後のこと。

「はい、今日の授業はこれでおしまい」

男性教員の大きな声が響く。

少年は不思議に思った。一体、今日は何の授業だったのだろうか？

一週間後、その男性教員が教室へやってくるなり、生徒たちの顔を見渡すようにして言った。

「前回作った紐はあるな。じゃあこれからルーペをみんなに配るから、その紐を括り付けて、首からぶら下げろ」

そして、男性教員はこう続けた。

「全員準備はできたな。それでは、みんなで外に出よう。ルーペで好きな植物を観察してみなさい。テーマは特にない。気になったものを観察しなさい」

少年は緑豊かな広大なキャンパス内を首からぶら下げたルーペとともに散策した。

（いまって授業中だよな。体育じゃないのだから、こんなふうに外へ出てよいものか）

少年は訝しく思いつつ、目についたケヤキやポプラ、桜の木の葉っぱ、そして、それらの木肌をルーペで観察し始めた。

少年の体は少しずつ熱を帯びてきた。やがて無我夢中でルーペを覗き込む自分がいた。

遠くから男性教員の声が聞こえる。

「いいかあ。面白いと感じたものを頭の中にしっかりと刻み込んでおけ」


三回目の授業の冒頭。

男性教員はにっこりと微笑みながら、生徒たちにケント紙を配り始めた。

「これから、先週ルーペで各自が観察したものをここにスケッチするんだ。いいか、絵画を描けと指示しているわけではない。だから、線を引くことは厳禁だ。言っている意味が分かるか？　その輪郭、濃淡……すべてを点で表すんだぞ。スケッチの真髄はここにある」

生徒たちは一心不乱に作業にとりかかっている。

少年は先週観察したポプラの葉を思い浮かべながら、鉛筆の芯をケント紙に打ち付けた。

「コンコンコン……」

周囲からはただひたすら鉛筆を打つ音が鳴り響いていた。

こう武蔵の授業を懐かしそうに振り返ったのは、三九歳になる卒業生である。

彼は言う。

「いま話した生物の授業だけが特別なわけではないのです。武蔵の授業はどれもこれも従来の『授業』が持つイメージを見事なまでに覆してくれる衝撃的なものばかりでした」

わたしは武蔵の授業に一脈通じているものを尋ねてみた。

彼は一瞬考え、こう呟いた。

「そうですね。どの科目も基本的な解説などおこないません。理屈ではなく、まずは本物に触れて何かを感じてほしいというメッセージがあったように思います」

そして、こう付け加えた。

「武蔵の先生たちは『勉強』を生徒たちに教えようなんていう気はさらさらなかったです。『学問』の楽しさや奥深さを伝えようという人ばかりでした」

公立大学の准教授を務める四〇歳の卒業生も同じようなことを口にする。

「先生方は授業で大学受験なんか全然意識していません。ぼく自身、高二・高三のときに同級生を集めてセンター試験の問題を解く勉強会を開こうと考えて、そのための教室を借りようと先生に申し出たことがあったんです。そしたら、『受験勉強なんか学校でやるもんじゃない。ここは学問をやる場所だ。受験勉強をしたいなら自分ひとりでやれ』と却下されました。先生方って受験勉強否定派ばっかり。中学校に入った瞬間から『諸君、学校は学問をしにくるところです。勉強は各自勝手にしなさい』と叩き込まれるんです」

この話を武蔵の副校長の高野橋雅之先生に振ってみた。ご自身も武蔵の卒業生である高野橋先生は微笑んだ。

「わたしが入学したときに教師から言われたことばを今でも覚えています。それは『教師の言うことを信じるな』ということです。それだけではなく、世の中のテレビや新聞に書かれていることだって鵜呑みにするなよ、と。自分で一次情報をちゃんと集めて、それを基にして自身で判断する。そういう姿勢を六年間で身につけなさい、ということだったのでしょう。このことを入学した直後、最初のタイミングで言われましたね」

この武蔵のスタンスはいまも昔も変わっていないという。そして、武蔵の授業を通じて生徒たち一人ひとりに育まれる知識や好奇心を学校側は「根」ということばで示している。

「武蔵高等学校中学校二〇二〇」とタイトリングされたパンフレットを開くと、「根があるから伸びていける」と題された次の文言が飛び込んでくる。

「武蔵には、受け身で講義を聴くだけでなく、自ら参加し体感できる授業が多くあります。たったひとつでも思いきり好きになり、誰にも負けない何かを見つけられる機会を多く与えたいと考えています。画一的な答えを記憶するのではなく、とことん考える根を育てること。そして、世界に向かってさまざまな方面に伸びていくひとりひとりの知識や好奇心を、大切に見守りながら育てていきます」

「学生街」江古田という町

西武池袋線「池袋駅」から普通電車で三駅行ったところに「江古田駅」（東京都練馬区）

がある。駅名は「えこだ」と発音する。しかし、練馬区に江古田という町はなく、隣接する中野区に江古田という地名があり、こちらは「えごた」と発音する。なお、近くに都営地下鉄大江戸線の「新江古田駅」（東京都中野区）があるが、こちらは「しんえごた」である。また、「江古田通り」という練馬区と中野区にまたがる一本の道があるが、練馬区側では「えこだ通り」、中野区側では「えごた通り」と呼ばれているらしい。

さて、この「江古田駅」の成り立ちは武蔵の設立と大きく関係している。

江古田駅の開業は一九二二年（大正一一年）である。当時の駅名称は「武蔵高等学校用仮停留所」である。これは、武蔵の創立者であり、「鉄道王」と呼ばれた実業家で財閥の創始者である根津嘉一郎が西武池袋線の前身である武蔵野鉄道の株主だったことが強く影響している。実際、この駅は武蔵に通学する生徒を対象にしたもので、駅の所在地も武蔵の正門の近くだったという。

翌年一九二三年（大正一二年）には、駅舎が「江古田駅」に改称され、いまの場所へと移転した。

この江古田駅周辺は学生であふれている。それもそのはず。まず、駅の東には「日藝」の愛称で知られている日本大学藝術学部があり、その先には東京都立豊島高校がある。また、駅の北側をしばらく歩いていくと、武蔵野音楽大学のキャンパスが広がっている。そして、駅の西側には徹底した少人数教育で「ゼミの武蔵」と形容される武蔵大学がある。武蔵大学の構内には細い川（濯川《すすぎがわ》）が流れているが、大学側から見て川向こうのキャンパスがこれから取り上げる武蔵高等学校中学校である。

緑豊かな広大なキャンパス

麻布や開成とはちがい、武蔵はとにかく広大なキャンパスと敷地内の豊かな緑が印象的だ。そこかしこに生い茂る多様な樹木には思わず目を奪われてしまう。キャンパス内に一歩足を踏み入れると、周囲からの雑音が消え、清々しい空気に包みこまれたような気分になる。

武蔵は大学とあわせた敷地面積が約七万平方メートルもある。真ん中あたりを東西に流れる濯川の北側が大学のキャンパス、南側が中高のキャンパスになっている。両者を塀などで仕切っていない分、とても開放的な雰囲気がそこにはある。

広大なキャンパスだけあって、施設の充実ぶりは特筆すべきものがある。

たとえば、運動施設。ハードコートのテニスコート二面、クレーのテニスコートが二面、陸上競技場を兼ねた人工芝のサッカーグラウンドに野球グラウンドがそれぞれ独立して配置されている。そして、屋外プール、屋内プール、屋内コート（体育館）、剣道場、合気道場、卓球場、トレーニングルームもある。

二〇二二年度に武蔵は創立一〇〇周年を迎えるのにあたり、教育環境整備をおこなった。たとえば、二〇一七年には理科・特別教室棟が竣工した。この建物には、藝術教室、視聴覚室、家庭科調理室、物理・地学・化学・生物の各実験室のほか、会議室や部室など多様なスペースが用意されている。そして、屋上には天体観測ドームがある。この建物以外にも構内には気象観測所、標本庫、菜園まであるのは驚きだ。

その他、生徒集会所には食堂があり、日替わりランチなどが供されているという。

武蔵への入学を志す子供たちの多くが、この恵まれた学習環境を志望理由として挙げるのもうなずける。

これらの施設に一脈通じているのは、運動面であれ勉強面であれ「本物に触れ、本物を体験する」という武蔵の指導方針である。

その指導方針が如実に感じられるのはこれらの施設や授業だけではない。中学の入試問題でも異彩を放つ出題がされているのだ。

入試理科の「お土産問題」

武蔵の入試問題で特徴的なものとしてまず挙げられるのが理科の「お土産問題」だろう。これは理科の試験の際に、問題用紙以外に受験生たち全員に小さな封筒が配布される。そして、その封筒を開けると「あるもの」が入っている。その「あるもの」を受験生たちにじっくりと観察させて、図などを描かせた上で、その特徴について論述させるのだ。

二〇一九年度は「一本の紙テープを折って作った栞」が封筒を開けると出てくる。その栞を題材にした問題に挑むのである。

その前年の二〇一八年度は「チャックのついた透明な袋」「袋から切り出したチャック」「虫眼鏡」が封筒に入っていた。このチャックの仕組みを虫眼鏡で観察した上で、設問に対する記述を完成させなければならない。

この「お土産問題」は武蔵創立当時の第一回目の入試から出題されているまさに「伝統」のある問題なのだ。

武蔵の卒業生に中学入試のときを振り返ってもらうと、ほとんどの人がこの理科の「お土産問題」について言及する。

大学四年生の卒業生は懐かしそうに目を細めた。そのときは「みかんを包むネット」が題材になったという。

「とりあえずネットを引きちぎったのを覚えています。で、それを上下に引っ張ったり、横に引っ張ってひし形にしてみたり。塾からはとにかく思いついたことはガンガン書けと言われていましたから、ひたすら書きましたね。いろいろスケッチして」

三〇代の卒業生は言う。

「武蔵の入試ですか。あんまり覚えていないというのが正直なところです。ただ、理科の袋に入った問題だけはなぜか覚えています。二つの木の枝を渡されて、その共通点と相違点を記述せよ、ってやつでした」

わたしが塾講師として長年中学入試に携わった経験から断言できるのは、入試問題とはその学校が「どんな生徒に入学してほしいか」という思いをこめたメッセージでもあるということだ。

そう考えると、この理科のお土産問題ひとつとっても、武蔵の求める生徒像がうっすらと見えてくる。

それを明文化すると、「知的好奇心が旺盛で、自らの頭をフル回転させて試行錯誤できる姿勢を持った子」であるとともに、「自ら考えたことを表現できる能力を備えた子」である。

この点は理科の入試問題に限ったことではない。実際、国語の入試問題は論述中心であり、その表現が暗示している内容を考えさせるなど、高度な読解能力が必要となる。算数は問題文以外の空きスペースすべてが解答欄というスタイルであり、作図をしたり、数を書き出して考えたりする「馬力」が求められている。社会は一問一答形式のものはなく、その用語の背景にある知識や、出来事の因果関係を論述させる問題が中心。受験生自身に海岸線を描かせて地図を作成させるなんていう問題も出されている。

そして、これらの難関入試をパスしたものだけが武蔵での学びを享受できる資格が得られるのだ。

武蔵の発行する学校案内（資料編）から、「武蔵の学びの特徴」として次のような文章を一部抜粋してみたい。

「十代の若者が集う教育環境は、物事の本質をじっくり探求する豊かな学びの場でありたいと願っています。効率の良さが求められることも多くあるかとは思います。しかし本来の『学び』とは、安心できる環境の中で、失敗を恐れず試行錯誤を繰り返す過程を通して、ゆっくりと身に付けていくものです。おおらかで暖かい、広くて深い、確固とした『学び』の姿勢の大切さは、これからも大切にしていきます」

そして、この武蔵の掲げる学びは、授業の中でこそその醍醐味を味わえるのである。公立大学の准教授を務める卒業生は武蔵の授業をこう振り返る。

「ぼくは一浪をして大学に入学しました。で、浪人時代に予備校に通ってびっくりしたのは、『予備校の先生ってこんなに効率良く教えてくれるのか』って。武蔵って東京の中高のなかでトップ三に入るくらい学費が高かったのに、それであの授業かよ、って当時から三〇歳になるくらいまで思っていました」

彼はそう笑いながら言ったが、すぐに真剣な目になってこう言い添えた。

「でも、自分が教員になったいま思うのは、『武蔵の授業っていうのは教えないというのを意識してやっていたんだな』ということです。教えちゃうと、正解をすぐ求めるようになってしまい、自分で問題を探しに行くことをしなくなる。武蔵の先生方はそうはならないように注意深く『教えること』を避けていたのだなって、つくづくそう思います」

武蔵の学びは「ワクワク、ワイワイ」

武蔵の卒業生に母校の思い出をたずねると、どの学校よりも教員の固有名詞が登場したり、その具体的な授業内容を懐かしそうに語ってくれたりするのだ。

三〇代の卒業生は武蔵で印象的な教員や授業を挙げるとキリがないと笑う。

「地理の先生でカトカンっていう渾名の人は印象深いな。自分が行ったところの話ばかりする。『今年はナウル（南太平洋の島国）に行ったから』という理由で、毎週毎週ナウルの話をする。中三か高一のころだったかな。なんと一学期間ナウルでしたよ。こっちとしては『いつまでつづくのかなあ』って思っていたのですが」

そんな話をしていたら、彼は急にいろいろな授業が脳裏に蘇ってきたらしい。

「高二、高三のときに習っていた東洋史の岡ちゃんは面白かったなあ。むちゃくちゃプリント配るんです。一回の授業で五〇枚くらい。で、そのプリントを配りながらいろいろな話をされるんですが、東洋史専門とはいえ、世界史全般において物凄い知識量の持ち主で、とにかくその『知力』に圧倒されました。ぼくたちが卒業後に亡くなってしまった先生だったんですけどね」

また、いまの時代なら問題視されそうな教員もかつては教鞭を執っていたという。

「理科に変な先生がいたな。朝っぱらからアルコール臭を漂わせていて。その先生は肝臓がんで亡くなってしまったんですが。授業はよく覚えていない。授業中ずっと何かくだを巻いていたような気がする」

二〇代の卒業生はこう振り返る。

「いやあ、武蔵の授業の大半は大学受験の役には立たなかったですよ。でも、本当に興味深いものばかりです」

そして、彼はこんな話をしてくれた。

「日本史の先生が一番好きでした。一年間丸々使って『江戸時代の相撲』の話のみ。深く、深く掘り下げていくんですよ」

その彼は国語の授業もよく覚えているという。

「現代文は自分たちで発表する時間が多かったですね。本を一冊与えられて、それを考察して発表するものです。確か四人が発表して、それに対して生徒たちが質疑するというスタイルでした。割とマニアックなものが多くて、哲学的なもの、性的描写に溢れたものが題材になったりもしました。そういえば、『古事記』の原文を読み解くという授業もありました。そうそう、中一のときにはなぜか変体仮名の学習をするんです」

武蔵の卒業生から授業の話を聞いていると、なんだか大学の講義のようである。そう感想をもらすと、一人の卒業生はうなずいた。

「そう。大学の講義みたいですよ。それも、パンキョー（一般教養科目）ではなく、専門のレベルです」

実際、武蔵の教員は専門分野における「研究者」である場合が多い。聞けば、武蔵の教員は研究日が与えられていて、授業は週四日以内で収まることが多い。だからだろうか、大学教員のオファーがきても、「いまのほうが研究に専念できるから」という理由で、それを蹴る人もいるらしい。ちなみに、武蔵には大学さながら構内に「休講掲示板」が設けられている。月に二～三回はなんらかの休講に当たるらしい。

校長の杉山剛士先生は、武蔵の教員たちの質の高さが誇りだという。

「わたしがいつも感心させられるのは、武蔵の先生方はみんな普段から勉強している。それぞれが研究テーマを持っている。学問的な好奇心が旺盛な方ばかり。で、そういう先生方が分割授業なども取り入れた少人数制の指導をおこなっているので、生徒たちはそんな先生たちに好奇心を刺激される。そんな学びの仕掛けが武蔵にはずっと受け継がれているのです。何ていうことばで表現したらよいのでしょう。そう、武蔵の学びは『ワクワク、ワイワイ』。そういう中で生徒たちはそれぞれの創造性、個性を培っていくのでしょう」

卒業生たちが異口同音に口にするのは「授業を一番楽しんでいるのは間違いなくその先生本人です」ということ。この点を杉山先生に伝えると嬉しそうにうなずいた。

「それは本当にそう！　先生たち、楽しそうだもん。もちろん、その授業を受けている生徒たちもね。先ほども言いましたが、武蔵は自身が研究に打ち込んでいる先生ばかりです。その風土はずっと維持されていますね。武蔵は個人研究費が支給されることも関係しているのでしょう。教員は修士・博士課程出身の人ばかりですしね。それは、武蔵の強みですよ。自らが学問に楽しく打ち込んでいて、研究心を持っている。それを背中で見せるからこそ、子どもたちを『ワクワク』させられるのではないでしょうか」

そう話して、「そういえば……」と杉山先生は自身が教育実習生だったときのエピソードを話し出した。

「三九年前、わたしが教育実習で武蔵に来たとき、指導教官は『勝手にやれ』って一度も授業を見にきませんでした。その代わり、夜になると『おい、行くぞ』と飲みに連れていかれたんです。そしたら、第一声、『何、お前教師になりたいのか。とんでもねえヤツだな』って。でも、話しているうちに熱を帯びてきて、『いいか、教師っていうのは学問をしていなければならないんだ。それを見せるのが教師なんんだ』と言われたことをよく覚えています。そのことばはわたしの財産になっています」

確かに武蔵はアカデミックで魅力溢れる授業で満ちているのだろう。しかし、大学入試対策には直結しないものが多い気がする。そこで不安になる生徒はいないのだろうか。

二〇代の卒業生は言う。

「なんだかんだいって、英語や数学は最終的には大学受験に対応する教材になっています。たとえば、数学はオリジナルのテキストを用います。中学は『武蔵の数学』という手書きのテキストを使用していました。高校生の教科書も手書きだったかも。あとは『チャート式』をサブ教材として使用していました。かなり実践的な内容で、授業をちゃんと消化すれば、大学入試に向けた模擬試験ではトップレベルの成績がとれると思います」

失敗したっていいじゃないか

アカデミックな授業が展開される武蔵ではあるが、やはり前述した「武蔵独特の入試問題」というスクリーニングを経て入学したのだから、それらの授業を楽しめる生徒たちばかりだったのだろうか。

二〇代の卒業生は入学当初の同級生たちの様子をこう述懐した。

「進学校とは思えないくらい、動物園みたいな雰囲気でした。最初からみんな遠慮せず個を出している感じです」

彼は何人かの同級生たちの特徴を思い出して紹介してくれた。

「国立音大に進学した声楽をやっている男がいるのですが、そいつは最初からその才能を発揮していましたね。授業中にいきなり歌い出したり。何の授業だったんだろうな。まあ、中一の先生たちはみんな優しかったですからね。書道とか数学はなんだか騒がしかったことを覚えています。反面、理科の実験ではみんなシーンとして集中している。きっとみんな好きだから夢中で取り組んでいるんですよ。あと、日本史オタクというか、どこか一つの地域を指定すれば、そこの歴史について延々と語れるみたいな人がいました。ぼくは歴史が苦手ですから、彼のことが余計奇人に映ったのかもしれません」

では、武蔵はそのような個性溢れる子ばかりが入学してくるのだろうか。そうたずねると、彼はちょっと間をおいてこう答えた。

「こんな話を披瀝すると、武蔵って『特化型』の人間が最初から多いように思えますが、入学当初からみんなそういう感じではなかったです。武蔵で六年間を過ごす中で、何かきっかけをつかんで、自分の好きなこと、やりたいことを極めていったんじゃないかと思います」

この話に大きく杉山先生はうなずいた。

「わたしが四三年ぶりに母校に戻ってきて、ちょっと気になることがあるのです。たとえば、『知的好奇心を持っていて、一つのことを追究する子は武蔵が合っている』なんていう入り口段階での仕分けがなされているように感じるのです。武蔵に合う子はオタクの子だけではない。幅広い分野に興味を示すコッコッタイプの子だって武蔵で大きく花開かせることができる。そういう子にも武蔵に来てもらいたい。そう願っています」

多くの卒業生の話を総合すると、武蔵の教育で特徴的なのは、生徒たちが主体的に学べる環境を用意してくれているということだ。そして、彼らはたとえ失敗してもそれを教員側がしっかりと受け止めてくれる学校側の余裕が感じられたという。

公立大学で准教授を務める三〇代の卒業生は勉強面だけでなく、部活動でも生徒主体の関わりを学校側から求められたという。

「武蔵は何でも生徒の好きにやらせようとします。たとえば、中高の部活とかサークルとか同好会とか予算管理なども生徒にやらせる。予算折衝というのがあり、丸一日かけて自分たちが欲しい額とその根拠を説明するんです。思えば夜遅くまで話し合ったな。生徒全員の希望額を足すと、当然予算額を大きく超過してしまう。だから、『この部の希望箇所は要らないだろう』とか言われて削られましたね。それを全部生徒たちだけでやるんです。で、最終的に予算配分が決まったら、それを先生に報告するだけ」

彼はこんなエピソードも教えてくれた。

「中高の図書館は昔『自習室』っていう名前で、その自習室がリニューアルするときも設計図とかデザインを生徒が全部やったんです。ぼくはそのときたまたま自習室委員だったんですが、こんなふうなレイアウトにしたいというのを設計士の人と直接やり取りをしました。そこまで生徒に任せるんですよ。自分たちで使う場なのだから、自分たちで作れっていうことなのでしょうね。振り返ると、失敗してもいいのでとにかくやれっていうのが武蔵の教育の根底にあるのでしょう」

「失敗したっていいじゃないか」。この学校側の考えは武蔵の学校行事の様子を聞いても確かに首肯できることだ。

高野橋先生は中一の七月に実施されている「山上学校」の様子を語ってくれた。これは武蔵の校外施設である群馬県赤城山の大沼湖畔にある「赤城青山寮」を使用しておこなわれるイベントだ。

「中学校一年生の『山上学校』は、学年を大きく二つに分けて、それぞれ八〇名程度が参加する三泊四日の行事です。とことん歩かせます。一〇人くらいの班に分けて、それぞれに教員が付き添うのですが、ウチらしいのは教員が生徒たちを先導せずに、後ろに付いていくことです。面白いことにあらぬ方向に行ってしまう班もあるんですよ。でもね、こういう失敗こそが次につながるし、失敗するからこそ発見することもある。これってまさに学問ですよね。なんで失敗したんだろうって考えるのは何でも重要です」

先の公立大学准教授はこのような武蔵の教育的な「成果」をこう説明してくれた。

「ぼくが大学生とか大学院生とかをみていると、失敗することを嫌がる人が多い。そもそも大学の研究なんて、打率三割でもトップの部類に入ります。アイデアを出しても既に誰かが同じことをしていたという先例に気付いたり、実験やっても上手くいかなかったり、そういうのばかりなんです。まちがってもいいのでとにかくバンバンやらなければいけない。でも、それが嫌で、挑戦して失敗することを恐れる人が多いような気がします。その点、武蔵の卒業生が医師とか弁護士のほかに大学教員が多いというのも、自分でいろいろやって考える、他人のまねをしないというのが中一のときから徹底して叩き込まれているので、そんな教育の成果ではないかと考えています」

武蔵の創始者・根津嘉一郎の思い

武蔵高等学校中学校、ならびに、武蔵大学の運営母体は「学校法人根津育英会武蔵学園」である。一九二二年（大正一一年）の武蔵高等学校の開学より半年前に設立された「財団法人根津育英会」がその起源である。この会の初代理事長こそ武蔵の創始者である根津嘉一郎である。

一八六〇年（万延元年）、根津嘉一郎は甲斐国山梨郡にて生を受けた。豪商である根津家の次男であったが、長男の死により家督を相続することになった。その後、実業家の仲間たちと「甲州財閥」を形成することになる。根津は数々の鉄道事業に携わりながら、衆議院議員を連続四期務めたあとは、勅選貴族院議員となった。

「鉄道王」と呼ばれた根津であったが、彼の価値観に大きな影響を及ぼす出来事があった。一九〇九年（明治四二年）「渡米実業団」（団長は渋沢栄一）に参加したことである。約四ヶ月に渡るアメリカ滞在で彼が最も印象に残ったのは、現地の資産家たちが慈善事業に多額の資金を投じる姿勢であった。

このとき、根津は「社会から得た利益は社会に還元せねばならない」という思いを強くしたのである。

そして、根津が学校設立を決心したのは、一九一五年（大正四年）、大分県の別府温泉に滞在中、大分県理事官である本間則忠より秀才教育の施設経営についての勧説を受けたことによる。

折しも一九一八年（大正七年）に、帝国大学以外に単科大学を含めて官・公・私立大学の設置を認める大学令と、高等教育の拡大に対応するための新高等学校令が公布された。ここで高等教育学校の七年制が認められることになったのだ。

こうして根津が寄附した三六〇万円を基に一九二一年（大正一〇年）九月、財団法人根津育英会を設立、その六ヶ月後の一九二二年四月、日本最初の七年制高等学校として武蔵高等学校が発足した。

当時の一般的な学制では旧制中学（五年制）と旧制高校（三年制）を経ないと大学受験資格は得られなかったが、武蔵は七年一貫教育であり、一年少ない学業期間で大学受験資格が得られることもあって、設立当初から志願者が殺到した。第一回の入学試験では一〇〇〇名を超す志願者を集めたのだ。そして、当時の入試問題の枠をはみ出た独自の試験問題も話題になった（この時点で理科の「お土産問題」が出題されている）。

なお、校名は当初「東京高等学校」の予定だったが、官立で東京高等学校という名称の学校が設立されることが決まったことから、その名称を譲渡することになった。そして、代わりに東京府の旧国名から「武蔵」と命名されたのだ。

武蔵の建学の精神「三理想」

武蔵は初代校長に東京帝国大学法学部教授、文部大臣、内務大臣などを歴任し、のちに宮内大臣、枢密院議長になった一木《いつき》喜徳郎を迎えた。創立当初、武蔵の教育を主導したのは教頭の山本良吉である。山本は一九二〇年（大正九年）に欧米視察旅行を経験し、英国のパブリックスクールを模範にした少数精鋭の教育を施した（一学年の定員は当時八〇名であった）。

いまの武蔵の教育を考えると意外というほかないが、当時は「知的スパルタ教育」を掲げ、卒業生のほとんどが東京帝国大学に進学するエリート養成校であり、在校生たちは厳格な教育を日々受けていたのだ。

さて、武蔵には開校初年度の入学式の式辞を基に、一九二九年（昭和四年）に若干の変更を加えた建学の精神「三理想」がある。

一、東西文化融合のわが民族理想を遂行し得べき人物
二、世界に雄飛するにたえる人物
三、自ら調べ自ら考える力ある人物

これは山本教頭の発案であるが、一木校長と十分に相談した結果成文を得たものだという。

この三理想はいまでも武蔵の教育目標として深く根付いているものであるが、いまの武蔵の自由闊達な教育をみると、三の「自ら調べ自ら考える力ある人物」に重きを置いているようにわたしには感じられる。この人物像形成を目指すことで、将来的に一と二に掲げている理想像に近づいていけるのではないか。

武蔵の教育を語る上で、内外ともに「自調自考」ということばがキーワードで度々登場する。

校長の杉山先生は、やはりこの三つ目の「自ら調べ自ら考える力ある人物」という理想が武蔵生の特徴なのだろうと話す。

「たとえば、最近（二〇一九年）、記念祭の講演会でミュージシャンの亀田誠治さんが登壇

したのです。彼はジャンルの違ういろいろな人たちをくっつけた音楽祭を開いたり、そんなコーディネーターとして活躍したりしている人です。その彼が記念祭の講演会で、『武蔵で学んだことは〝自ら調べ自ら考える〟』って口にしたのですよね。早稲田大学総長の田中愛治さんを講演会に招いたときも、やはり『武蔵では自ら調べ自ら考える姿勢を身に付けた』っておっしゃっていたのです」

創立当初の話に戻そう。

山本教頭はこの「自ら調べ自ら考える力ある人物」について次のような考えを開陳している。

「従来の暗記中心の『注入主義』的な教育に対し、『自分の頭で考える』ことをすすめるもの」とし、さらに、「教授とは人生に必要な一切の知識を与えることではなく、『よく自ら考え、自ら判断し、最も適当な方法を取って行く』ための力を養うことが肝要である」

本章冒頭で武蔵出身の著名人を紹介したが、武蔵の「自調自考」を重んじた教育を具現化したような人物が多いように感じられなかっただろうか。

そういえば、わたしの塾の講演会で、著名なゲームクリエイターでスクウェア・エニックス所属の丹沢悠一氏に登壇してもらったことがある。彼も武蔵の卒業生だ。

その会で彼が口にしたことばをわたしはいまでも覚えている。

「ゲームクリエイターは日常生活からゲーム漬けになっては良い仕事はできない。日常生活や旅の中でいろいろなものに興味関心を持つことがとても大切。わたしはその礎を中高時代に育んだような気がします」

よく武蔵に向くタイプの子は「オタク気質」と言われている。言い換えれば、一つの物事に一意専心できる能力を備えた子は、武蔵の教育がフィットするということだろう。一つの物事を「自調自考」して自ら追究することができる。とても素晴らしい姿勢ではあるが、その一方で、内にこもり頑迷固陋、偏屈になってしまう危険性があるのかもしれない。

ある卒業生に武蔵生に一脈通じている気質は何だろうかとたずねてみた。そうしたら、こんな回答が得られた。

「武蔵生は一匹狼系の人が多い。ちょっとひねくれている、天邪鬼な人ばかり。体制寄りというかすぐに世の中にとけこめそうなのは高校から入学してくるような人でした。わたしの頃はまだ高校入試をおこなっていて、そこから三〇人ちょっと入学してきましたからね」

高校入試を廃止した理由

武蔵はかつて高校入試をおこなっていた。その当時の中学は一学年一四四名、高校は一学年三六名の入学者が加わり、合計一学年定員が一八〇名であった。

中学入学組は高校入学組に学力的に脅かされることが多々あったという。三〇代の卒業生はこう振り返る。

「中学に入ったころは、たとえば全国規模の模擬試験でトップレベルの成績を収めたような人でも、三年経ったらただの人になっていることが多い。武蔵は『牧歌的、かつ、放牧的』な学校ですから。で、高校から入学してきた人に『お前らSVOも知らないのか』とか言われてこれはマズいとなるわけです」

高野橋先生はかつての武蔵は高校入学組の存在が学内を活性化させていたと語る。

「高校入試で三六名の募集をしていたときは、高校入学組が武蔵に合わないなんていう問題は全くありませんでした。むしろ、外から新しい血が入ってきて中学入学組は良い影響を受けました。たとえば、高校入学組は英語力がありましたね。英語の授業になると語彙力は豊富だし、発音もよい。比較的のんびり英語を学んできた中学入学組は大いに刺激を受けました。その一方で、数学は中学入学組は中学のうちに高校単元まで進めています。

だから、高校入学組からすると内部生すごいとなります。双方がそれぞれの良さを認め合える雰囲気がそこにはありました」

しかし、二〇〇〇年度（平成一二年度）より高校入試は廃止され、完全中高一貫教育へと変わったのだ。

当時、東京都がすべての学校を存続させるという名目で、各校の募集人員を減らすという政策を打ち出したのだ。武蔵は一学年一六〇名にするよう指示があったらしい。譲歩しても一割増の一七六名までとされた。実際、武蔵は二年間のみ中学入学定員を一六〇名、高校入試定員を一六名として募集をおこなった。しかしながら、あまりにも少数の募集ゆえ優秀な受験生たちは敬遠することになってしまう。結果的に入学してくる生徒の学力レベルがガクンと下がったらしい。それが原因となり、最終的な経営判断として高校入試廃止が決まったとのことだ。

体育祭小委員長

わたしが取材をした卒業生の中で、武蔵の掲げる三理想のひとつ「自ら調べ自ら考える力ある人物」を武蔵在学中に見事に実践してみせた人がいる。取材当時は慶應義塾大学経済学部四年生だった彼は、武蔵在学中には記念祭（文化祭）と体育祭の小委員長として活躍し、在校生・卒業生の間で知らない人はいないという有名人である。なお、記念祭と体育祭は武蔵の「二大行事」である。

彼の「体育祭」でのエピソードが大変に面白い。

彼は高校一年生にして体育祭の小委員長を務めた。このことは武蔵では大変珍しいことであった。

「体育祭の小委員長には中三の選挙で立候補、当選して、高一のときに務めました。選挙ではぼくともう一人、高一の人と争いました。普通は高校生のほうが有利だとは思いますが、向こうとしてはいきなり無名の中学生が出てきて油断したのでしょうね。ぼくはひたすら中学生の教室に自分の名前を黒板に書いて回り、大声で叫んで宣伝したんですよ。そしたら、中学生の七割くらいが投票してくれて、そのうち八割くらいが支持してくれたんです。高校生の人たちはその年上の人たちに投票したのでしょうが、高校生に比べれば中学生のほうが投票率は高いんです。で、当選を果たしたというわけです」

彼には仲の良い同級生がいた。何でも小学校時代からの幼馴染とか。その友人から「ウチラの学年で武蔵の諸行事にどんどん首つっこんで、変えていこうぜ」と焚きつけられたのが立候補した理由とのこと（その友人は中二のときに『中学主任』という中学生の中のトップ的な役職に就いていた）。

しかし、高一で小委員長に就任したということは、高二に指示を出さなければいけないわけだ。そこは上手くいったのだろうか。

「年下のぼくが当選して当初は反感を買ったんです。でも、年上の人の中には『別にどっちでもいいじゃん』という優しい人たちがいたので、その人たちを先に味方につけて、パート長にしました。だから、そもそもの関係は悪くなかったですよ。小委員長から各パート長に指示を出すわけですが、年上の人にはあくまでも先輩として口を利きましたから」

そして、九ヶ月間という長い準備期間を経て、いよいよ体育祭が本番を迎えようとしていた。しかし、予期せぬ事態が起こる。

「一〇月の本番になったら、当日の天気予報は降水確率九〇％以上。じゃあ、次の日に延期という手段もあったのですが、その日の降水確率も九〇％以上。なんと体育祭が完全に中止になってしまったんです。でも、次の日は晴れだった（苦笑）。もう、すごく悔しくて悔しくて……」

体育祭の中止が悔しくて

彼は悔しさに打ち震えていた。降水確率が九〇%と発表されていたにもかかわらず、晴れてしまったのである。それが予測できれば体育祭を決行することができたはずだ、と。

この思いが彼を突き動かすことになる。驚くべき行動に出たのだ。

「じゃあ気象予報士を目指そうと(笑)。体育祭中止の翌月の一一月から勉強に取りかかりました。翌年の一月の学科試験と八月の実技試験を受けたんです。なんとか無事に合格しました」

ただし、彼は体育祭が中止になった無念な思いだけで行動に移したわけではない。

「勉強していたときの原動力は悔しさだけではなかったです。勉強の面白さにハマったというのもあります。あとは、小学校の卒業文集に『将来の夢は気象予報士』って書いてあったんですよ。だったら、気象予報士の資格取ればその当時の夢が叶うじゃんっていう、意外にそんなことが自分を後押ししてくれました」

聞けばこれまでの歴史で中高生が気象予報士に合格したのは十数名だという。さらに、勉強を積んだ大人たちが中心に挑む気象予報士試験の合格率は約四%らしい。

そして、この話にはまだ「痛快」と形容すべき続きがある。

「気象予報士に合格した直後に、次の体育祭がおこなわれて、ぼくはそのとき副小委員長として関わっていました。で、その体育祭当日も小雨の予報だったんです。その際にぼくが教師と話をして、向こうはぼくが気象予報士の資格をとったことを知っていますから、『大丈夫です。体育祭いきましょう』と説得し、無事に開催できたんです。目標が叶いました」

武蔵の体育祭は二日間にわたり開催され、一日は全ての体育施設を活用した球技を中心とする全校大会、もう一日は綱引き・騎馬戦・リレー競走などをおこなっている。

ある卒業生は言う。

「たとえ同じクラスであっても、武蔵の人たちって普段結束することなどほとんどない。でも、体育祭だけは別。ここではクラス一丸となります」

体育祭は単なるクラス対抗戦に留まらない。生徒代表と教員集団が対決する種目を設けていたり、その他ユニークな様々なチーム分けがなされたりするという。ある卒業生のときは、「都会チーム」「田舎チーム」などと在住地域別にチームが組まれたり、座高と身長の比率で「胴長チーム」と「足長チーム」で分かれていたりしていたらしい。

「一〇〇人フットボールっていうのがありました。アメリカンフットボールみたいなものなんですけど、各学年ではなく、『中学の部』と『高校の部』にわかれて、それこそ三学年の縦割りのクラス全員がおこなうので、本当に一〇〇人以上のフットボールになります。そして、何個もあるボールをひたすら相手の陣地に持っていくんです」

いまは大学院に通う卒業生がそう懐かしそうに話してくれた。

大盛り上がりの記念祭

さて、体育祭に並んで盛り上がる学校行事といえば「記念祭」という名称の文化祭である。この名の由来は武蔵のウェブサイト上で次のように書かれている（一部抜粋）。

「旧制武蔵高等学校第1回生の入学式が行われた1922（大正11）年4月17日を創立記念日と定め、開校2年後の1924年4月17日に行われた『記念式』がこの催しのはじまりとなりました。最初の記念式は、開校から2年間のさまざまな成果を展覧したものでした。その後も年ごとに内容は拡充しましたが、決してお祭り的なものではなく、過去1年間の各科教室、校友会各部、各学年・組などの活動の成果を一堂に集め、展覧するものでした」

学制改革後は中高大と合同でこの催しをおこなっていたが、一九五四年（昭和二九年）

より高校中学独自の行事として確立され、そのタイミングで「記念祭」という呼称となったらしい。なお、現在の記念祭は毎年四月下旬に二日間開催されている。

受験生の多くはこの「記念祭」を見学したことがきっかけで武蔵を志望する。

一人の卒業生ははじめて訪れた記念祭の様子をよく覚えているという。

「記念祭で地学部、化学部の実験などを見せてもらって面白かったです。お兄さんたちは優しいし、先生たちが介入していない雰囲気もまたよかったんでしょうね」

体育祭同様、記念祭は本当に生徒たち主体で運営されているのだろうか。

副校長の高野橋先生は語る。

「こちらも生徒によって選ばれた小委員長が中心になって運営します。大勢の人が来ますし、模擬店をやったりお金も絡んだりするので、そこは顧問が多少は関わります。ただ、運営の中身は生徒だけでおこなっています」

記念祭の運営に関わった卒業生は振り返る。

「記念祭のほうが体育祭より準備は大変ですね。予算額が確か二三〇万円くらいと多額ですし、何より当時は三日間おこなわれるイベントでした。また、体育祭はあまり外部の人を呼ばないのに対し、記念祭はあくまでも外部から人を呼んで成り立つところがあります。

準備は、いろいろありすぎて一〇ヶ月前くらいから動き始めるんです。体育祭と同じようにパートを決めるところからおこないます。先生たちが干渉してくるのかって？　企画書の承認には携わりますけれど、それ以外は完全にノータッチでした」

聞けば、商務の担当者はTシャツなどの記念品を発注するために、さまざまな業者と交渉し、ときにはコストカットのために別業者に変更したり、相見積もりをとったりするという。

この記念祭開催にあたっては渉外担当が知恵をしぼり、いろいろな手段を講じて外からの「集客」にも力を入れる。

ある卒業生は言う。

「対外的なやりとりをする渉外の人たちはいかにして宣伝していくかを考えますし、それこそどうやったら女子校生に来てもらえるだろうかなんて」

武蔵生たちはわが道を行くタイプが多いと思われるが、この記念祭は自分たちのためというより、あくまでも外に向けられたイベントなのだろうか。

体育祭のみならず記念祭の小委員長も務めた「気象予報士」の彼がこう説明してくれた。

「全体としての方針は特別にターゲット層を絞ることはしていません。根底には自分たちるが楽しむというのがありますけれど、それが一番なのかな……。いろんな人が来てくれる中で自分たちが楽しみたい。小学生が来てくれるのであれば、それこそ記念祭で武蔵を好きになってほしいと願っていますし、一方、ステージのパートであれば、いかに女子校生たちに楽しんでもらえるかを考えているでしょう。あとは、何も所属していない武蔵生ならナンパに命懸けていると思います。それぞれいろんな思いがありますよね。全体としてどこかに向かっているというのは特にないような気がします。もう、個々が楽しむという感じです」

女子校生を呼んでなんて話があったが、武蔵の記念祭にはどこの学校の子たちが多く足を運んでいたのだろう。彼は言う。

「女子学院が多かったですね。あとは、豊島岡、雙葉。多分、大学受験の予備校での繋がりが大きいんじゃないですかね。地元だと富士見とか。女子校の校門前で記念祭のチラシを配るパートがいまして。それらを校門前で配布するとなかなか厳しい女子校が中にはあるので、事前に警察に許可証をとりにいったりもするんですよ。男子校には断じて行きませんけどね」

また、この記念祭がおこなわれるのは先述したように四月の下旬である。とすると、中学校に入学してきたばかりの一年生は全く出番がなさそうに思えるが、そうではないという。この記念祭は「武蔵生」になるための通過儀礼的な役割を果たしているという。

高野橋先生はそのことをこう説明した。

「入学して間もない中学校一年生も記念祭にはしっかり関わってもらいます。お客さんには絶対にしません。一年生は全員パート員ということで運営側に入れるのです。たとえば『駄菓子パート』なら、駄菓子の販売を担うわけです。甲高い声を出して売り子をやっていますよ。そんなこんなで先輩との関係性も構築でき、自然と武蔵という学校に馴染んでいくのです。新入生にとってはある意味、武蔵の『洗礼』を浴びる行事となります」

修学旅行が消えた理由

体育祭と記念祭について言及したが、武蔵には他校に必ずある「修学旅行」がなぜか存在しない。いや、厳密に言えばずいぶん昔にはあったのだ。一九五一年（昭和二六年）から奈良京都方面の歴史的風土・文化遺産を見学することを目的にした高校二年生対象の三泊四日の修学旅行がおこなわれた。当時は少数グループに分かれて、それぞれが自主的に行動していたらしい。

しかし、一九七八年（昭和五三年）の修学旅行を最後に突如廃止されることになった。『武蔵六十年のあゆみ』には、修学旅行廃止に際して学校側から次のような説明がされている。一部を抜粋しよう。

「集団的観光旅行が観光地に充満する時代の中で、武蔵の修学旅行は、コース選択制、グループ見学方式など再三の先駆的改善を行って来たが、ついに、修学旅行という因襲的形態にまつわる欠陥を除去し得なかった。集団の中に個々の責任が埋没してしまうような行事はむしろ進んで廃止し、そこで失われる修学旅行の美点は、全く別の形で追求すべきであるという考えのもとに修学旅行は廃止された」

どうだろうか。わたしはこの文言を目にしたときは正直あまりピンとこなかった。修学旅行廃止の理由としては甚だ抽象的に過ぎるように感じたのだ。「修学旅行という因襲的形態にまつわる欠陥」とは一体何なのか。

武蔵卒業生に修学旅行廃止の理由について尋ねると、みんな首を傾げる。そして、それぞれが違う「噂話」を教えてくれるのだ。

わたしの塾に勤める武蔵の卒業生は、修学旅行廃止には次の説が有力だという。

「奈良公園に見学に出かけたグループがあって、どうも鹿と仲良くなったらしいんです。

で、自分たちが泊まっているホテルまで一頭の鹿を連れ帰ってきた。結果、ホテルの中で鹿が暴れて大騒動になり、学校側が激怒して修学旅行をやらなくなったらしいです」

別の卒業生はそんな鹿の話など聞いたことがないという。代わりにこんな噂話を教えてくれた。

「はじめて新幹線に乗るという生徒がいたんです。彼は新幹線のガラスがかなり強度に造られているという話を聞いて興味津々だった。で、実際どれくらい頑丈なんだろうと金属か何かを叩きつけたら、ガラスが割れて大騒動に発展した。わたしは修学旅行廃止の理由はこれだと聞いています」

学校関係者なら真実を知っているに違いないと、この話を武蔵卒業生でもある高野橋先生にぶつけてみた。

「わたしが入学してすぐに修学旅行はなくなってしまったのです。でもね、わたしにも修学旅行がなくなった本当の理由は分かっていません。新幹線の窓ガラスはわたしも聞いた気がします。一方、奈良公園の鹿は初耳ですね。建前としては、集団旅行自体の意義をウチの学校ではあまり見出せないのではないかということでした。確かそんなことが教師側の公式コメントとして紙が貼られたことは覚えています。でも、先輩たちがきっといろいろと悪さをしたんでしょう」

子どもたちの「批判精神」が薄れてきた

結局、修学旅行が廃止になった理由は判然としなかったが、確かに、武蔵生に修学旅行、団体行動はあまり似合わないように感じる。

ある卒業生は武蔵生の性格をこうまとめてくれた。

「武蔵生たちはみんな見事にバラバラ。あえて共通点を挙げるなら、『ほかの人と同じことはしない』ということ。だからか、武蔵生たちは群れるのが大嫌い。これは卒業後でも同じです。よく男子校で出会った友だちは生涯の……とか言われますけど、フェイスブックを覗くと、ぼくは同期でいまでも連絡とっているのはたったの二人しかいない。しかも、その二人だって別にいま生きているのか死んでいるのか分からない。三年に一回くらい連絡が来て、『あ、生きていたんだ』って」

そうなのだ。武蔵の卒業生たちに取材を重ねていてわたしが感じたのが、その「個」の強さだ。武蔵で「自調自考」の六年間を過ごし、自らが関心を抱く分野の追究を続けた結果、それぞれが独自の価値観を形成していくのだろう。

だから、ときには授業でさえも、自分のためにならないと思えば、露骨に態度で示す生徒もいるという。

三〇代の卒業生は述懐する。

「中三のときだったな。生徒にイジメられていた英語の先生を思い出しました。発音は上手くないし、授業内容も面白くないしってことで誰かが腐った生卵を投げつけたんだっけな。それで先生は精神的に病んで入院してしまい、そのままやめちゃったんです。武蔵はそういう意味で生意気なヤツが多いんです。ほかにも、つまんない授業だとけっこう騒がしかった。そこは何だかはっきり態度に示していましたね」

高野橋先生もこう証言する。

「昔であれば、教員が口を出そうとすると、『教師は引っ込んでいろ』と言われました。『顧問がなぜ首を突っ込むんですか。生徒の中でしっかり決めていくので、先生は出しゃばらないでくれますか』などと突っかかってくる生徒が多かったですね」

でもね、と高野橋先生は溜息をつく。

「いまはその逆のケースが目立つようになっていると思います。『どうしたらいいか先生決めてください』という生徒側の相談が多々あります。その点については不満、不安を抱いています」

なぜ武蔵生にそのような変化が生じたのだろうか。高野橋先生は分析する。

「わたしが武蔵に勤め始めたころは、女子御三家の女子学院のように『自分は自分、他人は他人』という姿勢を持った生徒がとても多かったのです。自分のことも大事にするし、その分他人も大事にするという文化がありました。いまも基本的にはあるのですが、やはりSNSの影響などで常に二四時間他人とのつながりを意識せざるを得ない状況になっている。それによって、自分が何をしたいとか、自分に向き合う時間がなくなってしまい、他人がどう考えているか、それとの綱引きに相当エネルギーを費やしているように思います。それって、家族思いであったり、友だち思いであったり、いい面もあるとは思うのですが、心配なのはそれに伴って個の『批判精神』が大変に希薄になっているのではないか。そして、すぐに他者の目を気にしたり、依頼心が出てきてしまったりしているように感じます」

部活動は和気あいあいと

見事なまでにそれぞれがバラバラな個性を持つ武蔵生。では、部活動の様子はどうなのだろうか。

バレーボール部に所属していたという卒業生はこう語る。

「バレーボール部は体育館で練習していました。でも、走るのは外。当時の武蔵は上グラ・下グラと二つのグラウンドがあって、前者はサッカー部、後者は野球部が使っていました。とにかく広い環境の中で部活動に励めます。運動したい子にはよい学校です」

武蔵には一二の運動部がある。「サッカー部」「バレーボール部」「野球部」「軟式テニス部」「硬式テニス部」「陸上競技部」「合気道部」「バスケットボール部」「水泳部」「卓球部」「剣道部」「山岳部」である。

広大なキャンパスだけあって、広々としたスペースの中で子どもたちは日々体を動かしている。たとえば、専用野球グラウンド（人工芝）とサッカーグラウンド（人工芝）をそれぞれ単独で備えている私立中高など都内、しかも二三区内ではほとんどない。

サッカー部に所属していた卒業生はかなりハードな練習を積んだという。

「サッカー部の顧問はその世界ではかなりの実力者で、そのせいか強豪校との練習試合が組まれることが多かったです」

高野橋先生は説明する。

「まず、サッカー部の顧問は東京都の国体の少年男子チームの監督を担ったこともあるベテランです。で、その彼がS級ライセンスというプロリーグの指導もできる資格をとったんです。わたしはサッカーのことは詳しくは分かりませんが、非常に科学的、システマティックな指導をしているように見えます」

最近はサッカー部に入りたいから、という理由で武蔵を志望する受験生が増えているらしい。

高野橋先生は普段野球部の顧問として部活動に携わっている。

「高校の監督は代々OBが務めていますね。たとえば、二〇一五年度に野球部が西東京大会のベスト一六に進出したときの監督は東京大学野球部出身で、電通勤務のOBです。忙しい中引き受けてくれたわけですが、幸いなことに支援するスタッフが大学生OBなどたくさんいます。監督は土日しか来られないけれど、その監督の指導をきっちり受け継いで平日の指導に当たってくれました。それがうまい具合に結実しましたね」

それでは、運動部の上下関係は厳しいのだろうか。

先のバレーボール部出身者は首を振る。

「上下関係はそんなに厳しくないです。というより、緩い。ぼくらの代は一〇人くらいいたのに対し、一つ上は三人しかいなかったんです。だから、むしろ先輩を舐めてかかったような雰囲気すらありました。全体の雰囲気としてはなんだか和気あいあいとしていましたよ。もちろん、練習は真剣にやっていましたが。ただ、OBさんがコーチとしていらっしゃる場合、彼らとの関係性は厳しいものがありました」

サッカー部の出身者もこう口にした。

「サッカーのプレーの内容については先輩にかなり厳しく言われることがありましたが、普段の付き合いはいたってノーマルな感じです。オン・オフを使い分けているというか、試合中は先輩・後輩関係なく呼び捨てでやり取りをしていましたが、普段は『〜さん』付けで一定の敬意を持っての付き合いをしていました。でも、堅苦しいことは決してありませんでしたよ」

また、武蔵には一三の文化部がある。「気象部」「物理部」「生物部」「太陽観測部」「化学部」「地学部」「音楽部」「民族文化部」「E.S.S.」「将棋部」「鉄道研究部」「奇術部」「ジャグリング部」だ。理科系の部活動が充実しているのは先にも挙げたが、それだけ関連施設が充実していることの現れだろう。

運動部と文化部を掛け持ちしている生徒もなかにはいるという。

運動部、文化部ともかなり高いレベルで実績を残しているところが多い。とことん追究、探究する武蔵の気質が関係しているのだろう。

高野橋先生は胸を張る。

「『学問』とは自分の知的好奇心に基づいて、誰に決められたわけでもない、自分の関心の向くほうにどんどん進むべきもの。そういう意味では部活動だって同じです。運動部というと統制のとれた中での団体競技という側面もありますが、それだけでなく、それぞれがその場で高いスキルを持って判断する能力を磨かなければいけません。いかに個人個人が高い目標を持って意識を高めていくか……。だから、『何であなたサッカーをやっているの？』と尋ねられたら、『ぼくはサッカーが好きなんだ』と堂々と答えてほしい。シンプルですが、それが一番ですよ。たまにいるんですよ。『親に言われたから』とか『体を鍛えるため』とかね。それだと受け身でよろしくない。指導する立場としては、その子の心の中にまで入り込んで、『あなた、好きだからやっているんでしょ』、そう問いかけ続けることでその子の自主性を目覚めさせたいと思っています。これって本当に学問でも同じことが言えます」

武蔵生の親の変化

武蔵生の質が少し変わってきたのではないかと先ほど言及したが、高野橋先生によると保護者会で親が見せる表情にも変化があるという。

「昔の保護者会は教員たちの面白おかしい話を聞いて笑い転げ、『さすが武蔵だね』とみなさん満足して帰られたのですが、最近は違います。自分の子どもはいま大丈夫なのか、将来どうなるんだろうかという不安があるのでしょう。保護者会での親御さんの顔をみるとみなさん不安そうであり、かつ自信のないように見えてしまう。子どもとの距離感に困っている方も多い。あとは、子ども依存症的になっているような場合もある。あるいは、子に対して全く関心がない家庭もある。最近はなんだか親子関係が両極端になってきているような気がします」

なぜ、親の側にこのような変化が見られるのだろうか。「一例ではありますが」と前置きをして、高野橋先生は次のような話をしてくれた。

「昔は子と親の距離はかなりありましたが、最近はそうではない。一人っ子が増えているし、高学歴の保護者も増えてきた。そうなると保護者が子を付きっきりで管理しようとしてしまう。あるいは逆に、母子家庭や単身赴任などで父親が不在という家庭や、両親が不仲だったりするケースもあります。いずれにせよ、そういった家庭環境の歪みから子どもへの期待が過大になってしまうのです」

そういえば、大学生の卒業生はこんなエピソードを口にした。

「武蔵在学中に精神的に落ち着けなくなってしまった友人がいました。彼は一人っ子で母親がかなり厳しく、思い通りに子どもを支配したいタイプ。それが原因で一時期から学校に来なくなってしまったんです。結果として留年して無事に卒業はできたのですが、母親に対する嫌悪感が大きかったんでしょう。そいつとはいまだに付き合いがありますが、大学生になっても母親を拒絶しています」

そのようなタイプの親に対して、高野橋先生ならどういう声をかけるのだろうか。

「子とほどよい距離を保つべきです。子の自主性を重んじるけれども、いざというときには登場してアドバイスをしてやる。それくらいが丁度よい。中高生は勉強をさぼったり、反抗的になったりと、いろいろなことが起こる時期です。順風満帆にいかないのが当たり前なのですから」

高野橋先生は、少し悲しそうな表情になったあと、こう切り出した。

「そういう生徒はどの学校でも出てしまいます。残念なのは、本人の力を発揮できないままに不登校ないしは学業不振になってしまうことが毎年のように見られることです。それは先ほど申し上げた家族関係に起因することが多い。よくあるケースは、成績が親御さんの期待に応えられず、親御さんが子に圧力をかけてしまったのが原因で通えなくなってしまうことです。一方、世の中で話題になるようなイジメが原因でという話は武蔵ではほとんど聞かないです」

そして、そういう子を一人でも出さないための武蔵の教員としての使命を高野橋先生が語ってくれた。

「大人からすると、男の子は中学入学当初はなかなか目に見える成長はないけれど、あるときにギュッと伸びることがよくあります。だから、男の子を成長させるにはひたすら『待つ』ことしかないと思います。『待つ』ことは本当に大事。そう思っているときに限っててちゃらんぽらんが過ぎるのですが、そこを責め立てるのは逆効果でしかない。で、あるとき男の子はスイッチが入る瞬間があって、そこから人が変わったようになる。そういう子どもの成長観、教育観というのは、もっともっと強調すべきで、わたしたちもそれを親御さんに伝える努力をしなければならないと思っています」

高野橋先生はそう力強く言ってから、しかし、とことばを継いだ。

「最近は親御さんばかりではない。われわれ教員も待てなくなっているような気がします。とりわけ若い世代の教員ですね。決まりがこうだから、進級制度がこうだから、成績基準がこうだから。すぐにそう考えてしまう。昔は成績をつけるときでも、どんぶり勘定というかね、こいつ進級危ないな、と思ったら、いいや良い成績をつけちゃえなんてね。そういう教員がいっぱいいて、それでなんとか上手く回っていたんです。ウチの学校だけではなく、いまは世の中全体がきちんとした説明責任とか、根拠のある数字をつけなければいけなくなってきている。そういう縛りと子ども相手の教育は無縁であるべきなのに、そういう『常識』が教員の自由、そして、子どもたちの自由を奪っているように感じられるのです。そんな意識をわたしたちの世代の教員は持っています」

子どもの成長を「待つ」ということ

高野橋先生の若手教員に対する危惧を耳にして、二〇代の卒業生たちが異口同音にしてくれた話を思い出した。

いわゆるクセの強いマニアックな授業をおこなう教員はベテランが大半であり、比較的若い世代の教員はカリキュラムを丁寧に消化するいわゆる「普通の教員」が多くなってきたように感じる。そして、それにつれて武蔵独特の色が徐々に薄れてきたのではないか、前者の教員は自分自身が全身で楽しんで授業をおこなっていたけれど、後者のタイプの教員はそうではなくなってきたのではないか、と。

この点を副校長の高野橋先生にストレートにぶつけてみると、少し険しい表情になった。

「なるほど。わたしの若い世代に対する心配はまさにそこにあるのです。『楽しく授業をやっていないのではないか』ってね。教科内容をしっかり教えて、それがちゃんと子どもに伝わっているのかをテストの得点で判断し、集計する。若い教員はみんな緻密に取り組もうとしています。でも、それだけではないだろうっていうね。わたしからすると、教員が楽しく授業をやってくれれば、その背中こそが子どもたちに対する大切なメッセージになると思うのです。だから、若い教員たちも巻き込んで、もっとアナログ化してもよいと思っているのです」

話を戻そう。昨今の武蔵生たちの変化について心配されている側面はあるものの、高野橋先生によると、生徒たちの大半は武蔵で六年間過ごす中で、彼らは劇的に身も心も成長していくという。

「先ほど申し上げたように、様々な問題を抱えている子は確かにいます。が、武蔵の生徒たちの多くは六年のうちに『学問をする姿勢』に染まります。つまり、受け身になって知識を得ようとするだけではない、ちゃんと自ら物事を考えて先に進む姿勢が身に付くようになります。これが武蔵の教育の強みであり、それがなくなったらもはやウチではない」

そして、「学問」することの喜びを覚えた生徒たちは良い意味で尖ってくるという。

高野橋先生は微笑みながらこう話してくれた。

「中学入学当初は頼りないように見えた子たちも、学年が上がってわたしが受け持ったりすると、批判精神が育ってきた子たちばかりです。言い方を変えると、教師のことは信用しない生意気な子たちが多い。そういう面を目の当たりにすると、わたしは安心します」

高野橋先生によると、武蔵の教員の中ではいま子どもたちのために何をすべきなのか、それを再度原点から見つめなおそうという機運が高まっているとのこと。武蔵の伝統、価値観を守り続けていくために、もう一度教育の本質について熟考し、場合によってはシステムを柔軟に見直すことも検討しているらしい。

「わたしたち武蔵もそうですが、ライバル校たちもエリート教育を施しているわけです。そうすると誰かの指示を受けて行動するのではなく、自分で物事を考える能力を培うことが大切になります。自分の人生のみならず、（エリート教育を受けた彼らは）将来的にほかの人に影響を及ぼす可能性が高いですからね。責任ある行動、判断をしなければならないわけです。だから、六年間の中でその姿勢をいかに育てていくか。それをわたしたちは一番に考えています」

校長の杉山先生も武蔵の生徒たちにエリートとして自覚してほしいことがあると語る。

「武蔵の子たちは家庭環境も含めて恵まれています。わたしは入学式の式辞で『一〇代に心がけてほしい三つのこと』として、『自分が恵まれているという自覚とそのことへの感謝の気持ちを持て』を筆頭に挙げています。いわゆるノブレス・オブリージュというものですね。親に感謝するという姿勢は、いかに自分が世の中に貢献できるかという思いを強くしますから」

そして、杉山先生は二〇一八年度まで校長職を務めていた埼玉県立浦和高校と比較して、こう付け足した。

「浦和高校は公立です。ですから、彼らは小中学生のときに様々な家庭環境で育った子を見ています。だからか、いずれは世界に貢献できる人間になろうと彼らに話しかけると、すぐにその真意を理解してくれる。一方、武蔵だとなかなかそういう話がピンとこない、響かない子が多い。だからこそ、自分が恵まれていると自覚させることが必要なのです。

わたしは公立高校から武蔵に校長として戻ってきたからには、生徒たちにそのことを伝えるのが天命だと感じています」

武蔵の「グローバル教育」の実際

武蔵の「グローバル教育」の歴史は古い。第二次世界大戦前には「外遊制度」という海外研修を実施していたらしいが、戦中、戦後の混乱から廃止されたとのこと。

そして、一九八八年（昭和六三年）より「国外研修制度」として復活し、現在に至る。

いまの武蔵のグローバル教育のプログラムはどういうものなのだろうか。

いま挙げた「国外研修制度」では海外の提携校と生徒の交換留学をおこなっている。

武蔵では中学校三年生から第二外国語の初級を学ぶ。高校進学後は希望者のみ中級・上級の講座が用意される。海外派遣生は上級クラス選択者の中から選抜され、毎年生徒の約一割が派遣されている。授業料や朝晩の食費については学校側が負担するのだ。

武蔵は第二外国語として「ドイツ語」「フランス語」「中国語」「韓国朝鮮語」の四言語を用意している。

ある卒業生は第二外国語のことを懐かしそうに振り返った。

「ぼくは中国語を選択しました。中三から第二外国語の学習をするのは分かっていたので、ぼくは中二のときに、ドイツ語、フランス語、中国語、ハングルはラジオ講座で勉強していました。で、中国語が楽しそうだなと。高校に上がってからも中国語の選択を続けましたよ。本当はセンター試験も中国語で受けようと思って、出願する時も中国語にチェックをつけたのです。ですが、センター試験当日になってひよってしまい、結局英語で受けました（笑）」

かなり高いレベルで第二外国語を学んでいたことが分かるエピソードである。

話を海外派遣生に戻そう。彼らはそれぞれが選んだ言語圏の提携校へと学びに行くのである（英語圏の提携校も一校ある）。

派遣先は以下の通り。

［ドイツ語］ベルリン、ミュンヘン、ウィーン

［フランス語］リヨン、ラ・ロシェル

［中国語］北京

［韓国朝鮮語］ソウル

［英語］モールヴァン（イギリス）

そして、これらの学校から毎年十数名の留学生が武蔵へとやってくる。在校生の家庭に滞在しながら、授業や学校行事に参加して交流を深めていく。なお、一・二学期はヨーロッパ、三学期はアジアの留学生を迎えていて、その中には女子学生もいるらしい。

武蔵から海外へ派遣されることになった生徒たちは高校二年生の終わりから高校三年生の初めにかけて五〜八週間ホームステイや寮生活をしながら現地の高校で学ぶ。

その際、現地に暮らしている武蔵のOBが積極的に支援してくれるらしい。

高野橋先生は口元をほころばせる。

「世界のいたるところに、さまざまな分野の第一線で活躍しているOBたちがいます。そういうOBたちが『学校のためにできることがあれば、ぜひやらせてください』と言ってくれるのです。海外派遣の際は彼らを頼っています」

さて、今年二〇一九年より、グローバル教育に関する新たな試みが始まった。グローバル教育とは異文化を学ぶこと。それは何も海外でなくてもよいということだ。

校長の杉山先生がその詳細を教えてくれた。

「中学校二年生全員が夏に群馬県のみなかみ町にある農家に民泊する試みを始めます。三泊四日も行くのです。普段自分たちの置かれている世界とは全然違う世界を見ることに意味があります。それまでは、お家の人から手取り足取り『塾に行くのよ』なんてアドバイスされていた子たちが、農家で他人様の釜の飯を食ったり、自然体験をしたり、その地域の特色とどんな課題があるかを考えたり。同じ国内であっても自分たちとは全く違う生活をしている人たちと接していく。その経験を通じて、自分たちの世界がいかに狭いものだったのかを肌で感じてほしいと考えています」

また、武蔵では海外大学への進学サポート制度が充実しているのも特筆すべきことだ。

REDプログラムという将来英語圏の大学へ進学することを想定した英語イマージョン教育プログラムであり、科学を共通言語である英語で学ぶことで、地球人としての知性と教養を身につけることを目指している。このREDプログラムを主催しているのは根津育英会武蔵学園である。

その他、海外大学へ進学する卒業生に対して学校側がその進学奨励金を給付する制度があったり、海外進学担当者による個別相談や情報提供を積極的に実施したり、海外進学に関する講演会や留学準備講座の開設などをおこなったりしている。

実際に海外大学へ進学する卒業生はどれくらいいるのだろうか。

二〇一九年度の「大学進学者数」を見ると、卒業生一七〇名のうち、海外大学への現役進学者は一名。まだすぐに国外へ飛び出す卒業生は少ないが、いまの武蔵の取り組みが熟成することで、その数はこれから大きく伸びていくに違いない。

武蔵は「御三家」から凋落したのか？

さて、海外大学への進学について触れたが、二〇一九年度の「大学進学者数」をもう一度見てみよう。なお、武蔵は他校とは異なり「延べ合格者数」は一切公表していない。あくまでも進学した「実数」である。

東京大学には二二名が進学（うち現役進学者数一〇名）、京都大学には八名進学（うち現役進学者数二名）、東京工業大学には六名進学（うち現役進学者数四名）、一橋大学には八名進学（うち現役進学者数五名）など。早稲田大学には一九名進学（うち現役進学者数一三名）、慶應義塾大学には一二名進学（うち現役進学者数七名）など。また、医学部医学科（国公私立合わせて）には二一名が進学（うち現役進学者数一〇名）となっている。

御三家と呼ばれる学校にしては少し寂しい数値のように感じる人もいるのではないか。

数年前、難関大学合格実績で台頭する別の男子校と比較して「武蔵は御三家から凋落した」という辛辣な文句で報じたメディアもあったくらいだ。

しかしながら、武蔵が「合格者数」ではなく「進学者数（実数）」を公開していることと、一学年の定員が少ないこと（一六〇名）を考えると、この数値は輝きを放つ。やはり多くの卒業生が一流大学に進んでいることが分かるのだ。

実際、二〇代の卒業生はこう語る。

「武蔵が凋落したと言われることに対してですか？　世間的にそういう評価になるのは仕方がないな、とは思いつつ、進学率でも測ってほしいと思います。とりわけ最近の武蔵はがんばっているんじゃないかと思います」

そして、進学先が特定の大学に偏らないのは武蔵らしいところでもある。

高野橋先生は言う。

「わたしが進路担当になって外に対して広報活動しなければならないときに、進路先をはたと見直してみたのです。するとね、東大ではないけれど、旧帝大、国立医学部、早慶、大半の生徒はこの範囲の大学に進学しているんです。東大に拘らないこういうバラッキは一体どうして生まれたのだろうと考えて分かったのは、高校時代の間に『自分はこれをやりたい』と決める生徒が多いのです。たとえば、建築をやりたいと思ったときには東大を選ばない。なぜなら、進学の振り分けが途中でありますから建築に行けるとは限らない、それなら早稲田の建築行こうとかね」

校長の杉山先生もこう言い切る。

「進学実績、生徒たちの進路希望を叶えなければ武蔵ではない。そう思っています。そのために大切なのは現場の一人一人の先生がどういう教育デザインを描いていくのかが大切です。もちろん、進路希望の実現、イコール、東大とは一切考えていません」

わたしは取材を進める中で、何人かの卒業生たちから同じような話を聞いた。武蔵の生徒たちは予備校の模擬試験の志望校合格予想でD判定やE判定を喰らってしまう子が多いが、なぜか本番ではその予想を良い意味で覆す生徒ばかりであるという点だ。

この点を高野橋先生にストレートに尋ねてみた。

「その通りですよ。わたしたちからすると、もう少し早く成績結果を出してくれた方が安心はできるのですが。なんでウチはそのような子たちが多いのかというと、やっぱり武蔵生は一見大学入試とは直結しない遠回りの学びに時間をかけて打ち込みます。そんな中で底力を蓄え成長していく。そして、自分は大学に行って具体的にこういう研究に専心したい、そういうモチベーションを持てる子が多い。決して直線的ではないけれど、最後の最後で一気に伸びるというのは、そこが大きく関係しているのでしょう」

卒業生たちの「武蔵愛」

二〇一九年四月、武蔵は新校長を迎えた。本章で取材に応じてくださっている杉山剛士先生である。彼自身、武蔵の卒業生であるが、それまでは埼玉県立浦和高校の校長を務めていた。

杉山先生が校長として赴任するや否や、ユニークな試みに着手した。全校生徒たちとの面談を始めたのである。

「わたしが武蔵を離れてから四三年も経ちましたから。いまの武蔵のことを教えてよ、という思いがあるのです」

そう言って、杉山先生は微笑む。

「全校生徒数は一〇〇〇人くらいいるんですが、一人ひとり呼び出すのはなかなか大変なので、まずは上の学年、高校三年生から話を聞いています。本当は一対一でやりたいんですが、それだとすべてこなすことができないので、五～六人を一グループにして昼休みに三〇分程度いろいろな話を聞いています」

この「校長面談」の場で、生徒たちにどのようなことを質問しているのだろうか。

「過去・現在・未来に分けて尋ねています。なぜ武蔵に来たの？ という過去の話、武蔵ってどういうところがよい？　あるいは、学校の課題についてという現在の話、そして、どんなことをしたいのか、どんな生き方をしたいのか？　という未来の話。みんなベラベラしゃべりますよ」

杉山先生は面談を通じて在校生たちから発せられる話で嬉しさを覚えることがあるという。

「面談の場で感じたのは、とにかくみんな武蔵という学校が好きなこと、愛しているといってもいいかもしれない。もちろん、どこの学校であっても五〜六年通えば、それなりに好きになるとは思います。ただ、話を聞くと武蔵で学んでいることに愛着と誇りを抱いているように感じます。在校生たちに共通しているのは、『自由の中ののびやかさ』というのが武蔵の魅力であると思っていること。そして、『個性を存分に発揮できる、多様性、キャパシティを認められる居心地の良さ』を武蔵に感じてくれていることです」

高野橋先生も同じような話をしてくれた。

「卒業生のみなさんの『武蔵愛』は強いですよ。自分の人格形成もそうでしょうし、いまの自身のスタイルを育んだのが武蔵の六年間であるという自覚があるのでしょう。みなさん一様におっしゃるのが、『在学中はバカなことばっかりやっていたよね』ということ。

そこは女子校との違いかもしれない。あっ、女子学院は似ているかもしれない。こういう先生に習った、こういう授業が面白かったという思い出はもちろんあるでしょうが、何よりも自分をそのままさらけ出せる場所と時間が武蔵にあった。そして、それを共有できる仲間が武蔵にいたという何物にも代えがたい記憶があるんです」

それだからだろう、卒業生たちが母校に対して向けるまなざしはとても温かい。

高野橋先生は誇らしげに語る。

「OBあっての本校です。いや、本当にそうですね。武蔵まで講演しに来てもらったり、部活動のコーチをやってもらったり。他にも何かあったときには学校に多額の寄付をしてくださったり」

「自調自考」の精神を中高六年間で身につけた武蔵生たちは、他者を顧みず我が道を突き進む。一見、バラバラなように感じる個性の強い武蔵生たちは、母校に寄せる愛は変わらずに持っているのだ。

卒業生の一人は取材を終えて、こんなことばを口にした。

「今日の取材は何だか嬉しかったです。ぼくは『武蔵愛』強いですからね。武蔵の友人たちと話をしていても『武蔵愛』が溢れ出ている感じ。卒業後に中高時代の友人たちと出会うと、みんな楽しそうだし、自分の原点に戻った気になれます」

彼はこれからの武蔵に対してこんなメッセージを送った。

「武蔵にはブレないでほしい。海外の大学に行くとか選択肢は増えていて、それはいいことだとは思いますが、生徒たちが『自調自考』するように導いて、教師側からあれやこれや口出しするような環境には絶対にしないでほしい。これからどう武蔵が進化していくのかドキドキしてみています」

終章　男子校の潮流

忌避されがちな男子校

わたしが営んでいる中学受験専門塾では志望校選定の相談を保護者から受けた際、こういうことをよく尋ねられる。

「世の中って男と女で成り立っているじゃないですか。そう考えると、中高生という多感な時期はやはり男女が同じ学び舎にいることが健全だと思います。だから、息子は男子校には通ってほしくないのです。先生はどうお考えになりますか？」

昨今、このように男子校は忌避されがちであり、共学校が人気を博す傾向にある。

しかし、世間の逆風にお構いなく、男子校生たちは実に楽しそうに街を闊歩している。

とある夏真っ盛りの午後のこと。わたしは都内の地下鉄の駅にいた。首筋から汗が噴き出てくる。そんなうだるような暑さにわたしは辟易していた。

そんなわたしの苛立ちを増幅させるような光景が眼前に繰り広げられていた。

下校時間と丁度重なったのだろう。詰襟姿のおびただしい男子中高生がホーム上でワイワイガヤガヤと大きな声で語らっている。伝統校として名を馳せている中高一貫の男子校がこの駅近くにあったことをわたしはふと思い出した。

そんなわたしの鬱々とした気持ちなどお構いなく、彼らのお喋りは止まらない。一人の男の子が手に持っている雑誌を見ようと五～六人が取り囲んでいる。「フザケンナヨ」「ヤベエ」「メッチャオモロイジャン」「マジカヨ、フザケンナ」……。上品とはほど遠いことばを発しながらゲラゲラと笑い合っている。

端から眺めると見苦しいとしか思えない集団である。

でも、なぜだろう。彼らははち切れんばかりの楽しさ、そして、仲間たちと触れ合う喜びを全身で表しているようにも感じられたのだ。

男子校。通学している彼らからすると、そこは楽園なのかもしれない。

開成を卒業した大学生は学校生活を振り返る。

「共学だとそれはそれで楽しいことが多いのでしょうけど、男だけで自由にやらせてもらったのも楽しかったですよ。先生からの圧力がないっていうのはもちろんのこと、女子、つまり異性からの視線を感じることなくやりたいバカを貫けるっていう雰囲気はよかったですね。これは良い言い方ではないかもしれませんが、共学にいったら全体のヒエラルキーの中で底辺にいってしまうような冴えない男が、開成のような学校ではのびのびできるのだろうと思います。ただ、大学に入るとそれまでとのギャップに戸惑う、異性との接し方に悩む人が多いみたいですが」

大学入試に強い男子校

毎年春になると彼らが脚光を浴びるタイミングがある。それが、「大学合格実績発表」である。もちろん世間が最も注視するのは日本の最高学府こと「東京大学」にどの高校が何名の合格者を輩出しているかということだ。

それでは、最近四年間の「東京大学高校別合格者数（ベスト三〇）一覧」を見てみよう。白抜き文字で示しているのが男子校である。

二〇一九年度は一八校の男子校が「東京大学高校別合格者数」のベスト三〇にランクインしている。六〇％が男子校である。

文部科学省の学校基本調査（二〇一六年度）によれば、全国の高等学校における男子校の割合は二％台に過ぎないが、この数値と照らすと、大学入試で男子校が圧倒的な存在感を示している。これは驚愕に値するデータではないか。

それでは、なぜ男子校がこんなにも大学入試で存在感を発揮しているのだろうか。

「男子校が大学入試で強い理由？　そりゃあ、共学校だと女の子のことで頭が一杯になってしまう。そんな邪念を抱けない環境だから、その分勉強に集中できるんじゃないのかな」

教育業界とは縁遠い友人がそんなことを言っていた。なるほど、世間はそういう見方をするのかもしれない。

しかし、本当にそれだけなのだろうか。

これまで、麻布・開成・武蔵と三校の教育内容や学校生活の様子を紹介したが、そんな単純な理由ではないことが読者の皆さんには理解できるだろう。

首都圏男子校の現状

さて、男子御三家を含めた首都圏（一都三県）の主要な中高一貫の男子校についてその現状を俯瞰していきたい。

まずは、四谷大塚主催「合不合判定テスト」偏差値一覧表を見てみよう（偏差値は合格判定八〇％ラインを示している）。男子校にしぼって、一九八五年度（昭和六〇年度）と二〇一九年度中学入試における偏差値一覧表の比較である。つまり、この約三五年の各校のレベル推移が一目で分かるようになっている。

三五年前と比較して、全体的にレベルダウンしているように感じるのは、男子・共学校の数自体がその三五年で激増し、優秀層の選択肢が多岐に渡るようになったためである

高校別合格者数（ベスト30）

2018年度

順位	学校名	合格者数
1	開成（東京）	175
2	筑波大附駒場（東京）	109
3	麻布（東京）	98
4	灘（兵庫）	91
5	栄光学園（神奈川）	77
	桜蔭（東京）	
7	聖光学院（神奈川）	72
8	東京学芸大学附属（東京）	49
9	海城（東京）	48
	都立日比谷（東京）	
	渋谷教育学園幕張（千葉）	
12	駒場東邦（東京）	47
13	浅野（神奈川）	42
	ラ・サール（鹿児島）	
15	早稲田（東京）	38
	筑波大附（東京）	
17	女子学院（東京）	33
18	東海（愛知）	30
	西大和学園（奈良）	
20	武蔵（東京）	27
	甲陽学院（兵庫）	
22	県立岡崎（愛知）	26
	都立国立（東京）	
24	渋谷教育学園渋谷（東京）	25
	湘南（神奈川）	
	県立旭丘（愛知）	
27	久留米大附設（福岡）	23
28	県立浦和（埼玉）	22
	県立千葉（千葉）	
30	豊島岡女子学園（東京）	21
	金沢泉丘（石川）	

2019年度

順位	学校名	合格者数
1	開成（東京）	186
2	筑波大附駒場（東京）	120
3	麻布（東京）	100
4	聖光学院（神奈川）	93
5	灘（兵庫）	74
6	渋谷教育学園幕張（千葉）	72
7	桜蔭（東京）	66
8	駒場東邦（東京）	61
9	栄光学園（神奈川）	54
10	久留米大附設（福岡）	50
11	都立日比谷（東京）	47
12	海城（東京）	46
13	東京学芸大学附属（東京）	45
14	西大和学園（奈良）	42
15	県立浦和（埼玉）	41
16	浅野（神奈川）	39
17	東海（愛知）	37
18	甲陽学院（兵庫）	34
	ラ・サール（鹿児島）	
20	筑波大附（東京）	32
21	早稲田（東京）	30
22	豊島岡女子学園（東京）	29
23	女子学院（東京）	27
	県立岡崎（愛知）	
	東大寺学園（奈良）	
26	県立旭丘（愛知）	26
27	武蔵（東京）	22
28	巣鴨（東京）	21
	県立横浜翠嵐（神奈川）	
30	県立土浦第一（茨城）	20
	大阪星光学院（大阪）	

2016年度～2019年度　東京大学

2016年度

順位	学校名	合格者数
1	開成（東京）	171
2	筑波大附駒場（東京）	102
3	麻布（東京）	94
	灘（兵庫）	
5	渋谷教育学園幕張（千葉）	76
6	聖光学院（神奈川）	71
7	桜蔭（東京）	59
8	東京学芸大学附属（東京）	57
	駒場東邦（東京）	
	栄光学園（神奈川）	
11	都立日比谷（東京）	53
12	ラ・サール（鹿児島）	44
13	豊島岡女子学園（東京）	41
14	早稲田（東京）	38
15	東大寺学園（奈良）	37
	久留米大附設（福岡）	
17	女子学院（東京）	34
18	西大和学園（奈良）	33
19	筑波大附（東京）	32
	県立千葉（千葉）	
	都立西（東京）	
22	東海（愛知）	31
23	海城（東京）	30
	渋谷教育学園渋谷（東京）	
	浅野（神奈川）	
26	甲陽学院（兵庫）	29
27	栄東（埼玉）	27
28	武蔵（東京）	26
	県立岡崎（愛知）	
30	県立旭丘（愛知）	23

2017年度

順位	学校名	合格者数
1	開成（東京）	161
2	筑波大附駒場（東京）	102
3	灘（兵庫）	95
4	麻布（東京）	79
5	渋谷教育学園幕張（千葉）	78
6	聖光学院（神奈川）	69
7	桜蔭（東京）	63
8	栄光学園（神奈川）	62
9	駒場東邦（東京）	51
10	海城（東京）	49
11	東京学芸大学附属（東京）	46
12	都立日比谷（東京）	45
13	ラ・サール（鹿児島）	40
14	筑波大附（東京）	39
	甲陽学院（兵庫）	
16	県立旭丘（愛知）	37
17	女子学院（東京）	36
18	西大和学園（奈良）	35
19	県立横浜翠嵐（神奈川）	34
20	武蔵（東京）	32
	浅野（神奈川）	
	県立浦和（埼玉）	
23	早稲田（東京）	30
	東海（愛知）	
25	都立西（東京）	27
	久留米大附設（福岡）	
27	東大寺学園（奈良）	26
28	渋谷教育学園渋谷（東京）	25
29	愛光（愛媛）	22
30	豊島岡女子学園（東京）	21
	洛南（京都）	

※合格者数には過年度卒業生を含む。
※白抜き文字で表示されているのが男子校。

（特定の学校に優秀層が集中しない時代へと変わった）。また、レベルの高い共学進学校（たとえば、渋谷教育学園渋谷、渋谷教育学園幕張など）が台頭したことも大きく関係していると考えられる。

そういった事情を勘案しつつ、この表を見ると、男子校の立ち位置の変化に気づくことが幾つかある。

筑波大学附属駒場、開成、麻布はずっと高いレベルをキープしていることが分かるが、少し苦しいのは武蔵である。一九八五年度の偏差値は七二あったのに対して、二〇一九年度は六三と九ポイント下げている。やはり、大学合格実績に物足りなさを感じる保護者がいることと、武蔵独特のアカデミックな取り組みに対して、わが子の出口（大学入試）に不安を抱く保護者がいるということなのだろう。しかしながら、塾講師としての目線で分析すると、武蔵はこの二～三年で優秀層の取り込みに成功しているように感じている。二〇一三年度はそれまで三倍前後あった入試実質倍率が二・四倍にまで落ち込んだが、最近は再び三倍前後に戻している。

二〇二〇年度と二〇二四年度に大きくメスを入れる大学入試改革の目指すところ（知識偏重型から思考力・判断力・記述力などを重視するようになる）と武蔵の教育内容が合致して

1985年度／2019年度
首都圏主要男子校偏差値一覧

偏差値	1985年入試	2019年入試
73	**開成**、筑波大附駒場	筑波大附駒場
72	**武蔵**、栄光学園、慶應普通部	
71		**開成**
70	**麻布**	
69	駒場東邦	聖光学院
68	聖光学院、巣鴨	
67		**麻布**
66	早稲田、桐朋、暁星	栄光学園
65		
64		慶應普通部、早稲田、浅野
63	海城	**武蔵**、海城、駒場東邦、早大学院
62	早稲田実業(現在は共学校)、立教(現立教池袋)	
61		
60		サレジオ学院、芝、本郷
59		
58		
57		明大中野、立教池袋
56	浅野、芝	鎌倉学園、桐朋、暁星
55	明大明治 (現在は共学校)	攻玉社
54		城北、学習院
53	明大中野、法政大第一 (現在は共学校)	世田谷学園
52		巣鴨
51	城北、学習院	芝浦工大
50		成城、高輪

※四谷大塚主催「合不合判定テスト」偏差値一覧表より。偏差値は合格判定80%ラインを示す。

いると期待する層が増えたのだろう。わたしは武蔵の復調をそう分析している。

次に、「横浜男子御三家」と形容される「栄光学園」「聖光学院」「浅野」の動向をチェックしてみよう。

栄光学園（神奈川県鎌倉市）は戦後間もない一九四七年（昭和二二年）に神奈川県横須賀市で開校した。現在地に移転したのは一九六四年（昭和三九年）のこと。栄光学園は創立当初からエリートが集まる進学校であった。四期生に解剖学者の養老孟司氏がいるが、彼は母校を述懐して「何だか受験少年院みたいだったな」とその厳しい指導を振り返っている。

その栄光学園に不合格になってしまった子の受け皿となったのは、一九五八年（昭和三三年）に開校した聖光学院（神奈川県横浜市）だ。著名な卒業生にミュージシャンの小田和正氏がいるが、彼は第一志望校の栄光学園に不合格になった結果、聖光学院に進学したのだ。ちなみに、二校ともカトリック系の学校である。

もともとは栄光学園を追いかける存在だった聖光学院ではあったが、両校ともに高いレベルは維持しているものの、偏差値上では逆転している。実際、二〇一九年度の東大合格実績に目を向けると、五四名合格（全国第九位）の栄光学園に対し、聖光学院は九三名（全国第四位）と突出した位置にある。この逆転現象は、聖光学院が日々の授業やそのカリキュラムを徹底して大学受験を意識したシステマティックなものに変えていて、それが成功していることが大きい。聖光学院は塾・予備校泣かせの学校として有名で、「塾に通わずとも東大に合格できる体制」を構築しているのだ。

横浜男子御三家の残る一校、浅野（神奈川県横浜市）は近年レベルをぐんぐん伸長させている。一九八五年度の偏差値は五六であったのに対して、二〇一九年度は六四と八ポイント上げている。浅野は教員の質向上にこだわり、優秀な人材確保に力を入れ、生徒たちひとりひとりにきめ細やかな学習指導をおこなうことで、徐々に人気を博すようになったのだ。二〇一九年度の東大合格実績は三九名（全国第一六位）である。

続いて、都内を見ていこう。偏差値変動の大きな学校にスポットを当てて、その変動理由とともに簡単に紹介していきたい。

注目すべきは巣鴨（豊島区上池袋）と本郷（豊島区駒込）という近隣にある二校に「負の相関」が見られることだ。つまり、本郷のレベルが上がれば上がるほど、巣鴨はそのレベルが低下するという現象があるのだ。一九八五年の本郷の偏差値は四九（表には入っていない）であったのに対して、二〇一九年は六〇と一一ポイントも上げている。それに対して巣鴨は六八から五二と実に一六ポイントも落としているのである。巣鴨の人気が凋落したのは冬の寒稽古に、夏の褌姿でおこなわれる遠泳をはじめ、徹底した管理教育が保護者から敬遠されたことが要因だと考えられる。本郷はどちらかというと生徒たちの自主性を重んじた教育をおこなっており、生徒と教員の距離が近い。時代が本郷のような教育を求めるようになった結果なのだろう。

その他、四ポイント伸長している芝（港区芝公園）も注目だ。進学校としては比較的穏やかな校風であり、中学生たちは勉学よりも部活動に励む子のほうが多い、そんな雰囲気の男子校である。一方、一〇ポイント下げている桐朋（国立市中）と暁星（千代田区富士見）も気になるところだ。桐朋の凋落は同じ多摩地区の早稲田実業が共学化したり、早稲田大学の付属である早稲田大学高等学院中学部が開校したり、都立高校の人気が復活したりと幾つかその原因は考えられる。数年前より入試回数を増やすなどして桐朋は巻き返しを図り、いまは徐々に人気を取り戻している。暁星は幼小中高一貫教育をおこなうブランド校として知られている。しかし、中学からの入学ではどうしても「外様」の感覚を抱いてしまうのではないかという危惧があるのだろう。別の中高一貫校にシフトするご家庭が年々増えているのではないかとわたしは睨んでいる。

首都圏男子校事情に触れてみたが、気になる学校はあっただろうか。

男子だけで中高六年間を過ごす意味

首都圏の男子校それぞれのレベルが目まぐるしく変わっていることが理解できただろう。さて、中高と共学で過ごしてきたわたしにとって「男子校出身者」の友人関係は以前から興味深く感じていた。

大人になったいまでも中高時代の同級生たちと仲良く付き合っているのは、男子校出身者に特徴的なことである。いや、これは男子校ではなく、「男女別学」の学校に共通しているものなのかもしれない。

拙著『女子御三家　桜蔭・女子学院・雙葉の秘密』で、取材対象者のこんなことばを紹介した。

「中高時代は性別が〝消滅〟していた」

これは男子校も同様である。つまり、「男だから……」「女だから……」というセリフは中高時代に口にすることはない。すなわち、一人の「人間」同士としての濃い人間関係が学び舎の中で培われていくのではないか。その結果、本当に心を許せる、遠慮せずに何でも話せる一生の付き合いになる「友人たち」が得られるのではないか。わたしはそう考えている。これは「母校愛」の強さと無関係では決してないだろう。

武蔵の副校長・高野橋先生は男子校の意義を考える上でヒントになる次のようなことばを授けてくれた。

「女子はスマートに物事に取り組んでいくような性質があります。それに対して、男子にそんなきっちりとした性質はあまりない。ウチの生徒たちを観察していてつくづく思うのは、男子は一見無駄に見えるようなことに果敢に取り組むことで、底力を蓄えていくようなところがあります。そして、突発的に起こるいろいろなことを面白がれる性格を持つ子はやはり男子に多いように感じています。そういう子は何か目標が見つかった途端に一気にその目標に向かって突き進むようになります」

本書では男子御三家、麻布・開成・武蔵の三校を取り上げたが、わたしが取材対象者に接していて強く感じたのは、彼らが中高時代に獲得した価値観、物事に取り組む姿勢が大人になったいまもなお心の内に息づいていることだ。

つまり、三校それぞれのカラーが彼らの性格面、その行動規範にまで多大な影響を及ぼしているのだとわたしは強く感じた。そういえば、男子御三家各校は女子御三家各校と異なり、宗教色のあるところはない（女子学院はプロテスタント、雙葉はカトリックのミッションスクールである）。宗教という「確固たる基盤」がないからこそ、その学校のカラーは、代々の在校生たち、教員たちの手によって毎年のようにメンテナンスを繰り返し作り上げられ、受け継がれてきた「独自の学校文化」を構築していったのだろう。

「では、自分の本心、意見はどういうものなのだろうか？」。そんなふうに日々、生徒たちに自問させるような試みをおこなっている麻布。中高六年間の中で麻布生たちは周囲に付和雷同することのない確かな「個」を育んでいく。麻布出身者に自由人的な「鬼才」が多いように感じるのは、そういう背景があるからだろう。

小学生のときに学力面で「神童」扱いされた子たちばかりが集まる開成。勉強ができることは当然であり、そこには何らアドバンテージはない。だからこそ、本当に誇れる自分を中高一貫教育の中で磨いていく姿勢を育んでいく。そして、運動会をはじめとする諸行事では長幼の序を重んじつつ、自分たちで行事を作り上げることが求められる。開成出身者は「天才」ではなく、「秀才」が多いと感じるのは、彼らがこのような学校生活を送ったからだろう。

自ら考え、自ら調べよ。学校サイドが生徒たちに「学問」に一意専心することの楽しさ、大切さを伝え続けている武蔵。そして、生徒たちはそれぞれが「やりたいこと」を学校生活の中で見出した途端に、それをひたすら追究するようになる。結果として、特化型でこだわりの強い「変人」が多く生み出されるのだろう。

序章で紹介した男子御三家各校の出身者のキャラクターのたとえ話をここに再掲してみたい。

もし複雑なプラモデルを組み立てるのであれば？

麻布生……組立説明書は無視、感覚だけで独創的かつ味のある逸品を製作する。
開成生……組立説明書を一言一句しっかり読み込み、精巧で完璧な作品を製作する。
武蔵生……組立の途中で各パーツにのめりこんでしまい、なかなか作品が完成しない。

麻布、開成、武蔵と、この三校の中高六年間の取り組みや生徒たちの学校生活の様子を

第一章～第三章で詳解したが、それらに目を通すと、このたとえ話が説得力を持って皆さんに伝わるのではないだろうか。

最後に、拙著『女子御三家　桜蔭・女子学院・雙葉の秘密』の終章の文言をここに引用したい。

「わたしは少子化の波が襲いかかる中で、それでもしぶとく生き残る学校の条件のひとつとして『卒業生に応援される学校である』ことを筆頭に挙げたい。

創立以来受け継がれてきた学校独自の教育文化をかけがえのない宝物として持ち続け、よりよい学校を希求していく――そういう思いを胸に、子どもに向き合っている学校こそ、魅力ある佇まいをみせるのではないか。

『昔から変わらぬわたしの母校で、わが子、わが孫にも中高生活を送ってほしい』――そんな卒業生たちの願い、後押しは、必ずやその学校の『半永続性』を担保する原動力になるのではないかと思う」

これは、そのまま麻布・開成・武蔵にも適用できる。

やはりこの三校こそが「男子御三家」と呼ぶにふさわしい学校なのだ。

あとがき

私学の良さとは何だろうか。

魅力ある私学に共通している条件はどういうものだろうか。

何年か前、ある男子校の校長と談笑していたときにその答えが得られたのだ。

「中高一貫校の特徴は『息の長い教育ができる』ことです。わたしたちは六年間で子どもたちを育てようとは考えていません。二〇年、三〇年という物差しで子どもたちをみればいい。教員たちは変わらずにここにいるわけだから、子どもたちは再びいつでも帰ってくることができる。その環境の構築こそが良質な私学の条件でしょう」

なるほどと感心した。麻布、開成、武蔵の各校はまさにこの条件を満たしている。男子御三家の卒業生たちに一脈通じているのは、母校をまさに「母港」のようにとらえ、大人になったいまでもそこは心の拠り所になっていることだ。つまり、彼らはいまだに麻布、開成、武蔵の「生徒」なのだ。

わたしはひょんなことから中学受験指導に二五年以上携わっているが、自身は中学受験とは全く縁がなく、地元の公立中学校から公立高校に進学した。当時教わった教員は、今は誰ひとりとしてそこにはいないし、その学校形態もさまざまな教育改革を経て大きく変わってしまった。わたしが男子御三家出身者たちの「母港」を生き生きと語るその姿にある種の羨ましさを覚えたのは、そういうことだったのだ。

ここで読者の皆さんに問いかけたい。どの学校が一番魅力的に映っただろうか？　自分が通いたいのはどこだろう？　わが子を通わせたい学校はどこだろうか？

本書執筆に際しては、次に挙げる書籍を参考にした。

麻布学園百年史編纂委員会『麻布学園の一〇〇年』
麻布中学校高等学校『論集　'14　33号』
『麻布学園卒業アルバム　二〇〇七―二〇一三』
開成学園九十年史編纂委員会『開成学園九十年史』

開成高等学校中央執行委員会『運動会史究明局活動報告書〈第五版〉』
武蔵高等学校同窓会『會報　第五八号』
根津育英会『武蔵七十年史―写真でつづる学園のあゆみ―』
宮島英紀・小峰敦子『名門高校ライバル物語』（講談社）
柳原三佳『開成をつくった男、佐野鼎』（講談社）
岸宣仁『出世の法則　財界・官界のトップから日銀総裁まで』（文藝春秋）
おおたとしまさ『名門校とは何か？　人生を変える学舎の条件』（朝日新聞出版）
小河織衣『女子教育事始』（丸善）
『中学・高校受験校選択講座　2001年価値ある学校を探そう　首都圏版　男子校＋共学校』（旺文社）
四谷大塚入試情報センター編『2020　中学入試案内』（ナガセ）
『2020年度用　首都圏版　中学受験案内』（声の教育社）

また、本書を刊行するまでには多くの人たちのご協力を賜った。
取材を快諾してくれた男子御三家各校の多くの卒業生たち。とりわけ、弊社スタジオキャンパスのスタッフで開成出身の岩田雄介氏、勝山瑛介氏、武蔵出身の石井陽一氏からはいろいろな話を聞くことができた。なお、武蔵の章の序盤に登場する「少年」は、石井陽一氏の中学入学直後を描いたものだ。また、同スタッフの佐藤寛之氏は卒業生とのパイプ役になってくれた。

そして、麻布中学校高等学校校長である平秀明先生、開成中学校高等学校の元教諭の橋本弘正先生、武蔵高等学校中学校校長の杉山剛士先生、副校長の高野橋雅之先生。

最後に、遅れに遅れてしまった執筆者に励ましのことばと的確なアドバイスをくれた文春新書編集部次長の織田甫氏、前任で『女子御三家』の担当編集を務めてくれた文藝春秋編集部統括次長の西本幸恒氏。

皆様に心より感謝を申し上げたい。

多くの人たちに男子御三家各校の魅力が伝われば幸甚の至りである。

二〇一九年一〇月二日

矢野耕平

麻布

●2020年度・中学入試募集要項（一部）

募集定員　男子300名

選抜方法　算数・国語・理科・社会

入試日　2月1日　合格発表　2月3日15:00～予定

●2019年度・学費（参考）

※下記以外に諸経費有。

	初年度納入金			中学3年間費用目安
	入学手続時	入学後1年	年度合計	
入学金	300,000円	0円	300,000円	約260万円
授業料	0円	494,400円	494,400円	
その他	0円	285,800円	285,800円	
合計	300,000円	780,200円	1,080,200円	

●所在地及び学園組織

所在地　〒106-0046　東京都港区元麻布2-3-29

学園組織　中学校 → 高校

1学年約300名　1学年約300名

●沿革

1895年（明治28年）、江原素六により麻布尋常中学校として創立。1899年（明治32年）に、麻布中学校と改称した。1947年（昭和22年）には、新制中学に改組し、現在に至る。

●授業時間

登校時間8:00（冬8:20）下校時間18:00 授業1コマ50分·週33時間

●授業カリキュラムの特徴

中高6年の連続性を考えた独自のカリキュラムを編成。授業は担任の自作プリントなどで進行することが多い。内容は高度でその進度も速いが、小テストを数多く実施し生徒をサポートする。国語では中3時に卒業論文を書かせる。英語は中1から外国人講師による会話指導をおこない、中2・中3ではクラスを分割した少人数授業できめ細かに指導する。数学は中1・中2で中学の学習内容を終え、高3の1学期までに高校の課程を修了する。ほかに情報教育の充実なども特徴的。

●主な出身著名人

橋本龍太郎（元内閣総理大臣）、北杜夫（作家）、桝太一（アナウンサー）

●2019年度の主な大学合格実績　（　）内は現役合格者数

東京大学100名（70名）、京都大学13名（5名）、一橋大学13名（10名）、東京工業大学16名（9名）、早稲田大学142名（74名）、慶應義塾大学109名（60名）

開成

●2020年度・中学入試募集要項（一部）

募集定員　男子300名

選抜方法　算数・国語・理科・社会

入試日　2月1日　合格発表　2月3日13:00頃

●2019年度・学費（参考）

※下記以外に諸経費有。

	初年度納入金			中学3年間費用目安
	入学手続時	入学後1年	年度合計	
入学金	300,000円	0円	300,000円	約270万円
授業料	0円	480,000円	480,000円	
その他	120,000円	246,200円	366,200円	
合計	420,000円	726,200円	1,146,200円	

●所在地及び学園組織

所在地　〒116-0013　東京都荒川区西日暮里4-2-4

学園組織　**中学校** → **高校**

1学年約300名　1学年約400名

●沿革

1871年（明治4年）、幕末の先覚者佐野鼎により共立学校として創立。1895年（明治28年）に校名を開成に改称。1924年（大正13年）、校地をそれまでの神田淡路町から西日暮里（現在地）に移転。

●授業時間

登校時間8:10(冬8:20)　下校時間17:00　授業1コマ50分・週34時間

●授業カリキュラムの特徴

中高6年間で精選された学習課程を配置し、各教科でプリントなどの自主教材を活用した質の高い授業を提供する。じっくりと学習に取り組むのが特色で、創造性や思考力を養成し、大学受験にとらわれない高度な学力を完成させる。中学では基礎を徹底しつつも、主要3教科では高校内容も扱う。レポートや作文など記述力を鍛える機会も多く設けている。数学・理科・社会は中1から分野別に専門の教師が担当するのも特徴的。その他、大学受験に向けて学内模擬試験や長期休業期間中の講習などで進路実現を支援している。

●主な出身著名人

斎藤茂吉（歌人）、柳田國男（民俗学者）、吉村昭（小説家）、岸田文雄（政治家）

●2019年度の主な大学合格実績　（　）内は現役合格者数

東京大学186名（140名）、京都大学9名（7名）、一橋大学12名（5名）、東京工業大学13名（10名）、早稲田大学222名（111名）、慶應義塾大学195名（100名）

武蔵

●2020年度・中学入試募集要項（一部）

募集定員　男子160名

選抜方法　算数・国語・理科・社会

入試日　2月1日　合格発表　2月3日9:00〜

●2019年度・学費（参考）　※下記以外に諸経費有。

	初年度納入金			中学3年間費用目安
	入学手続時	入学後1年	年度合計	
入学金	370,000円	0円	370,000円	約310万円
授業料	0円	520,000円	520,000円	
その他	0円	397,200円	397,200円	
合計	370,000円	917,200円	1,287,200円	

●所在地及び学園組織

所在地　〒176-8535　東京都練馬区豊玉上1-26-1

学園組織　中学校 → 高校

1学年約160名　1学年約160名

●沿革

1922年（大正11年）、財団法人根津育英会により、わが国最初の私立の7年制高等学校として開校。1948年（昭和23年）、学制改革により新制武蔵高等学校発足。1949年（昭和24年）、中学校を設置し、現在に至る。

●授業時間

登校時間8:20　下校時間18:00　授業1コマ50分・週34時間

●授業カリキュラムの特徴

自分の将来を見極めて自立した人間に育ってほしいと考え、早期から「本物」に触れる機会を多く与え、広い視野と自ら考える力を育てる。授業は教科書にとらわれることなく、精選されたオリジナルの教材やプリント類を駆使して展開。どの教科も総合力を身につけることを目指し、少人数制授業も導入してきめ細かに指導をする。中3では第二外国語の授業があり、ドイツ語、フランス語、中国語、韓国朝鮮語から選択する。

●主な出身著名人

宮澤喜一（元内閣総理大臣）、五神真（第30代東京大学総長）、亀田誠治（音楽プロデューサー）

●2019年度の主な大学合格実績　（　）内は現役合格者数　※数値はすべて合格者数ではなく進学者数を表す

東京大学22名（10名）、京都大学8名（2名）、一橋大学8名（5名）、東京工業大学6名（4名）、早稲田大学19名（13名）、慶應義塾大学12名（7名）

矢野耕平（やの　こうへい）
1973年東京都生まれ。大手塾に13年間勤務の後、2007年に中学受験専門塾「スタジオキャンパス」を設立、代表に就任。国語と社会を指導している。現在、東京・自由が丘と三田に2教場を展開。学童保育施設「ABI-STA」特別顧問も務める。著書に『女子御三家 桜蔭・女子学院・雙葉の秘密』（文春新書）、『旧名門校 VS.新名門校』（SB新書）、『LINEで子どもがバカになる』（講談社＋α新書）、『中学受験で子どもを伸ばす親ダメにする親』（ダイヤモンド社）など。

文春新書

1139

男子御三家《だんしごさんけ》　麻布《あざぶ》・開成《かいせい》・武蔵《むさし》の真実《しんじつ》

2019年11月20日　第1刷発行

著　者　矢野耕平
発行者　大松芳男
発行所　株式会社　文藝春秋

〒102-8008　東京都千代田区紀尾井町3-23
電話（03）3265-1211（代表）

印刷所　大日本印刷
製本所　加藤製本

定価はカバーに表示してあります。
万一、落丁・乱丁の場合は小社製作部宛お送り下さい。
送料小社負担でお取替え致します。

ISBN978-4-16-661139-3